马克思主义稀有文献

《夏 声》

一九〇八年第六号

张远航 主编

中央编译出版社
CCTP Central Compilation & Translation Press

夏聲

一九〇八年第六號

（明治四十一年四月二十日
第三種郵便物認可）

Entered at the Imperial Japanese P. O.
As a third class mail matter.

歷六月二十七日
歷七月二十五日發行

夏聲

第陸號

明治四十一年七月二十五日發行

要目

夏聲雜誌社發行

夏聲雜誌第陸號目錄

本社緊要告白

本雜誌雖非爲謀利起見。然過於虧損。力亦不支。原章日幣一元。以內地庫平銀七錢二分作折起算。數月來日幣騰漲。本社受虧甚巨。自本雜誌第二號起。應從日幣時價(每一元合銀八錢六分英洋一元一角五分)計算。俟日幣跌落。再爲佈告聲明。仍從原章。本擬於二期聲明。因印刷不及。故附於本期內。再內外各代派員之酬報。原章十分以上者九折。五十分以上者八折。百分以上者七折。今因成本過重。頁數加增。擬暫定爲十分以上者九五折。五十分以上者九二折。百分以上者九折。特此敬達本社各代派所及訂購諸君　公鑒。

本社敬白

願爲本社代派處訪事員者鑒

本雜誌發行以來。內地機關。尚未布置周到。無論本省各省。凡有願爲本社代派處及訪事員者。請逕通信本雜誌社事務所。或各地代派處。本社即將代派及訪事章程從郵寄上。至其一切酬報。定照原章辦理。決不失信。

本社謹白

代派員諸君公鑒

本雜誌自第一號發行以來均按日本郵章貼加郵費不意內地各處尚有重加郵稅者致各代派員紛紛函問按我國與日本關于郵稅一事已訂有特別條約凡在我國通商各埠者與本國無異若日郵不通之處（如陝甘雲貴等）每冊加郵四分若係小包郵便尚可減少乃內地各處於日郵外每冊尚徵至五六分之多或係郵差苛索或係舞弊中飽吾國郵政之不發達未始不由於此本雜誌自第二號後已經日本郵便局認爲第三種郵便此後郵費較前減少但內地之徵收恐依然如故以後定行設法務水落石出而止至以前所加郵稅請暫於售賣時酌加可也　再陝西各分派處報費如不能直接寄本社者請均交西安教育總會商雪亭先生收存爲盼

本社代派各雜誌一覽表

名目	冊數	定價
雲南雜誌	全年十二冊	全年二元半年一元一角零售每冊二角郵費在外
四川雜誌	全年十二冊	仝
河南雜誌	全年十二冊	仝
粵西雜誌	全年十二冊	仝
關隴雜誌	全年十二冊	仝
江西雜誌	全年十二冊	仝
滇話報	全年十二冊	全年壹元半年五角八分零售每冊一角郵費在外
學海	全年二十四冊	全年六元半年三元二角零售每冊三角郵費在外

以上各報均在東京出版內地各處如欲訂購者直函達本社或本雜誌各代派處亦可但與本報同務必先交全年或半年報費郵費否函無效至郵費之多寡與本雜誌同

本社敬白

本社徵文廣告

本雜誌創辦宗旨。原欲與內外人士。同心戮力。共成斯舉。使吾陝漸進於文明之域而保全西北大局於萬一。乃自出版以來。內地寄件來函。殊屬寥寥。而論著一門。尤爲僅有絕無。本社同人。自愧學識淺陋。不能發揮吾陝固有文明之毫末。且居留海外。消息不靈。耳目不周。立言持論。華而鮮實。勞而寡效。深恐難免內地碩士鴻儒。賢淵俊彥。於關輔軍人（如張博望班定遠等）哲理大家（如張橫渠李二曲等）文人學士（如班孟堅王子淵等）政治鉅子（如婁公寇萊公等）。或撰爲論說。或編爲傳記（體裁宜仿[illegible]）。或演成小說。或譜入戲曲。窮源竟委。傾簏遺光。大簡策。匡我不逮。若更能於吾陝政界軍事農工商地理歷史風俗民情各方面。揭其雙眼。指陳利弊。抒其鑄著。著爲偉論。發前人所未發。大有裨益于一般社會者。尤爲歡迎。至如社會改良。民生疾苦。陝甘自治之方法。西北防衛之政策（如蒙古新疆等）。解亂披紛。洞中竅要。能爲根本問題上之解決者。惠寄本社。一經登入。當酌贈本雜誌若干份（但在六七千言以上者。贈本雜誌半年。萬言以上者。贈全年。數萬言者。當另議酬）。凡未登入者。不在此限。原稿亦不奉還。但姓名住址。別號均須賜知。以便通信寄報。此外如先賢遺墨手札（詩文皆不論）前哲書像寫眞（此類甚多。茲不具列[illegible]）古蹟文物（如大雁塔慈恩寺[illegible]等）山川名勝（如[illegible]等）帝王陵寢（如[illegible]）。關城險隘（如武關[illegible]等）。凡經寄贈。當與以格外報酬（照片亦可。但[illegible]）。況自日俄戰後。斯拉夫野心。頓折方針。全更昔也。失敗於東鬬。今乃轉思收效於西域。天山南北。[illegible]吾[illegible]險。不遺餘力（如[illegible]）。而陝甘存亡。尤與神州全局。有絕大關係。當此千鈞一髮。[illegible]勒馬之秋。西北防備。日迫一日。凡係陝人。均有責任。鼓其熱誠。以爲同胞倡。發其精神。以禦異族侮。使此半壁河山。不爲碧眼黃髮兒之殖民地畜牧場。以保西北。而保全中國。他日百二重關。再觀天日。色里揚芬。河嶽增色。諸君子之力。亦本社同人之榮也。爰不揣冒昧。敢請以推愛吾陝之心愛本社。吾陝幸甚。西北幸甚。中國大局幸甚。

本社緊要告白

內地招股諸君公鑒　本社招股章程。收第一期股期限。原以中歷六月末日爲止。期限現將告終。而內地所招諸股。尚未滙到者甚多。今與　諸公約。凡各股東如未交股者。即請催交。已交者請速滙寄。均以七月內爲限。至股交齊後。即將執據收條分付各股東。俟第二期股交到後。換取股票可也。（但第一期全交者亦可。宜參看本社招股章程。其有不能直接交本社者。均交西安敎育總會　南雲亭先生收下轉交。不勝盼切禱切之至。

本雜誌因日幣騰漲。滙兌時虧損過巨。故暫定爲日洋一元。合銀八錢六分。英洋一元一角五分。俟日幣跌落。即以原章照辦。已于本雜誌第三號內佈告聲明。並無加價一事。不意內地代派處。有以加價函詢者。不知此因滙兌市場變更。臨時通融辦理。非加價也。再本雜誌頁數。原定每號以一百二十頁爲限。今因材料過豐。礙難割愛。故每號至少必在一百六七十頁之多。但頁數增加。成本自然過重。而價格亦自不得不增。然本社之仍照原價者。以期達確非營利之目的。而有以副　愛讀諸公之盛意也。至售報價目。暫依滙兌時價計算。俟跌落後。再爲登報廣告。決不食言。想愛讀諸公。當不以此區區。而使本社受莫大之虧累也。

東京 **夏聲雜誌社謹啓**

本社名譽贊成員

謹以先後爲次

陝西茹君欲可　捐助日幣一百元
山西景君耀月　捐助日幣參元
四川鄧君　絜　捐助日幣參元
山西相君黃六　捐助日幣參元
山西張君起鳳　捐助日幣參元
山西張君士秀　捐助日幣伍元
江蘇俞君劍華　捐助日幣伍元
江蘇何君瑞峯　捐助日幣貳拾元
山西景君定成　捐助日幣參元
山西喬君宜齋　捐助日幣貳元
直隸杜君　義　捐助日幣貳元

陝西第一牧場廣告

陝甘北境邊塞綿亘數千里野闊天空水草肥美其地宜牧已不待贅近者皮革毛織服用日廣牧業宜興亦日急本場同人鑒茲始先集合小資本擇地於陝西榆延間開辦俟有成效再圖擴充曾蒙升撫曹中丞批準允爲咨部代奏立案其資本共集二十萬元分三年招齊自去歲經營以來頗多贊同股額已售過半誠出望外牧地採擇畧定不久即可開辦餘股願入者請向本場總事務所或各分售股處索章核辦可也特此敬告

西安省城內

陝西第一牧場總事務所啓

樸塔甯氏（休職軍人）

（詳參本雜誌雜纂門俄人蒙古探險記）

伯爾佐思克氏（動物學者）

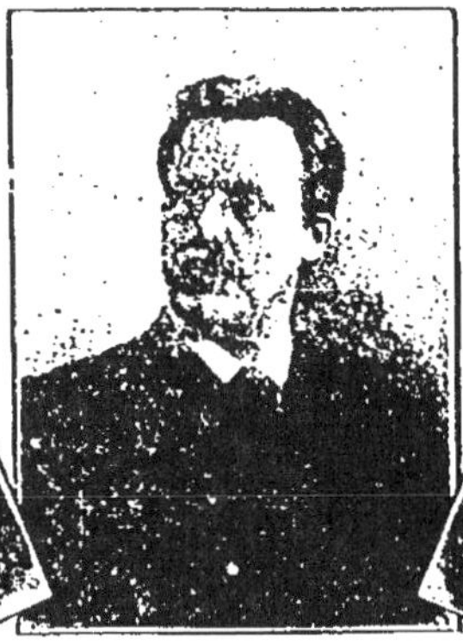

斯卡朝耶氏（西比利亞地學協會長）

斯卡芝氏（地理學者）

俄國蒙古探險者

人生之道德價值

士方

世風之敝可勝言哉縉紳之倫爵祿以蠹其心食色以勞其形而農工商賈以及浮遊失職之民則較輕重于錙銖競錐刀于毫末冀得脫于旦夕之窮餓其于人生眞義茫焉無聞或耳食一二而以爲迂遠之論緩急不可恃飢非能食而寒非能衣也夫人何以有生生何以可貴此其義若至高難識而其粗旨大略雖西夫西婦不可不曉然于心何則人與他物之別不重形相而重感官抑感官者非其本體能然又有支配感官者存焉所謂支配感官者何也原夫生人之初其狀態雖未能盡知至其相于萬有爲平等無疑也幾世幾年此諸平等之微塵分子爲人腦爲人心而震動而結合所謂無形之意匠與夫時代之潮流相契相衍而後智情意始潛然寓于吾人形骸之中故人者理想現實之動物而又得積世累年之預備乃以完成者也

至諸微塵分子岐出而爲礦物者有之爲植物者有之同一動物而腔腸棘皮者有之且羽族魚類與人同爲有脊之屬然人獨異于數者更舉數者無一不受令于人而各効其用焉夫人果何以得此于自然界哉其感能固非生而自有征服一切之力也爪不如虎豹之利足不如狐兎之捷而肌膚不若兕象之革之堅也視聽遜于蟲魚耐寒暑陵風雨在衆生爲最弱也然秩序立社會成儼然靈長乎萬類此其故私以爲不當求之物質不當求之現態當求之超乎感官而支配人生之一大力是力也得之者生失之者滅循之者昌逆之者熄而人之所以有生人生所以異于衆生之原也世獨棄而不論蠕蠕冥冥盲動而蠢伏自以生而可貴吾之感覺官能誠有足以自豪其汲汲爵祿食色以至求免乎窮餓亦莫非吾生之當然也曾亦知吾守吾道死固有不異于生窮餓固有貴于溫飽者乎殉一時之慾而忘人生之眞義虛僞日甚奸宄百出滔滔橫流靡有底止嗚呼世風之敝可勝言哉

今欲捄此敝莫如解決人生問題使人知我何以有生我生何以異于衆生以何因緣而支配吾人之力自然存在何故吾人感官不可不受支配于此力庶恍然于一

切生動寂滅俱非偶然必皆有迹可循有法可識而此法此迹必皆于道德上有最高之價值夫而後保存此價值之責任心油然而生其他汙感賤行將于是乎絕其詳乎。非淺學所能具陳。今述其崖略。就已陳之迹與普遍之法。區爲「形」「情」「智」「意」四類。究其與自然界之關係。及支配吾人之玄渺大力。所由生起。以明人生。以釋羣疑。世有不爲物質之僕隸者乎。不異吾言矣。

一形　凡物莫不有形。形者可以實體相接觸。自吾人肉眼測度。所具有之物質是也。然持以綿密之觀察。可生兩種感念。一爲形之現于有者。一爲形之藏于無者。現于有者其質。藏于無者其能。其質無窶愚皆知。非今立論之要旨。略而不言。言其能焉。老子曰。三十輻。共一轂。當其無有車之用。旨哉可謂善于說無形之形。形之能盡若此矣。惟人之形亦然。耳目口鼻現實之形也。蒼蒼太空。渺渺玄淵。蓁蓁繁林。芊芊平原。曠乎千歲之遠也。倏乎萬象之幻也。無若吾耳目口鼻其物也。然莫不盡態極變。駭起詭伏。當吾耳所不屬聽。目所不屬視。口所不屬味。鼻所不屬嗅。莫不有吾耳目口鼻之用。此所謂無形之形。耳目口鼻之能也。顧此無形之形以非本體之形爲形即以外物爲形者也以外物爲形故其形之發達以與外物關係之疏密爲準則今試取譬于自然界。聲電光熱。莫不自宇宙間分子與分子之交涉關係而生若干絕無交互關係之天空縱令諸元素分子悉如今世所有其作用不可得而發見也且諸原子以振動布列之法不同而其作用有遲速强弱之異此亦猶人物之交際愈密斯人智日生上古人物稀微不相資助及種類益繁利害之問題日切人物干是乎交爭而人類之大能始展也大山今日觀之微塵分子其與人類相遠爲有究極然物質力與社會力之起也其原因殆全相類故萬殊之物質力不能離其分子之結合振動單獨發生萬殊之社會力不能離其社會之團結關係單獨成立今有人離羣孤處侶魚蝦而友麋鹿其身心未嘗不盡備開化人之諸機關也然其機關措而不用隱而不現必與貯于數千年髑髏中不萌芽發育之禾種類似又使兒童生而未嘗與聞其社會事實及其丁年智力必將又獸畜之不若且自人類之關係觀察。其與下等動物之相越。可得洞知。羣飛之鳥不異于獨居之鳥也同一之松鼠羣居於彼無所加索處於彼無所損初生之犬取之別室目不見犬形耳不聞犬聲及其長也狺狺之態猶將無異于羣吠獨人不然。獨生于深山箐谷之人與化浴文明教育者殆有天淵蓋下等動物。其生活能力一本于天賦雖羣然聚集而于其天賦之形質外無所謂新能力新智識之發生人類則社會其練修之場交際其發育之原所生而固有者僅如名花初胎具可以盛開之機能而已不雜之以經驗濟之以外物則生而有形非獨不爲吾人福抑吾所大患爲吾有形也何則、今世人莫不以權利自由相矜炫二者人人固有者也然以社會制度之別而二者生廣狹寬嚴之分彼事事物物之接于目觸于耳範圍乎思想者紛然各異也今不睹此事事物物權利自由將何從而得其孤棲也猶不若兩翼四足者之不失其性是則可悲也抑人世關係之始起也致爲單純卑近其景象糢糊而不明一如風帆沙鳥隱現于水天髣髴之際及關係之面積速度數量日以增益髣髴之遠景始現實而呈奇觀新世界之山川草木人文氣候歷然侵吾人之身世所稱文明開化此其標準以近世較中古以中古較上古其大略可得而詳故吾人于此得斷言文明之絕頂在一切自然界悉爲人智所操縱吾人無形之形充塞乎宇宙今固盛于昔矣焉知來者之不駕乎今雖未能至心嚮往之由是以觀吾人形相廣大而無涯文明愈進則其形愈發達其能所至即其形之所有即以腦論此精神之府思想之原也然猶不能爲獨立之作用必與衆腦相關聯舉衆人之腦悉爲我之腦然後能成一事業發一思想王霸之事功周秦諸子之學說班馬之文章屈宋之辭賦莫非集衆人之事業爲其事業聚衆人之感想爲其感想其所周旋籌畫反復辨論以及咨嗟詠嘆之爲莫非取當時人人心中之情勢理想或國民之感慨悲傷顛連困苦又或往昔戰爭興廢之迹而用之邦國發之文辭黑智兒之著哲學系統也欲解釋萬有存在問題而不得之往哲所具之頭腦悉爲其頭腦也達爾文之明進化原則也盡古今博物學者之心血爲其心血也惟其能使外物悉爲我有故我形之能周乎萬類萬類之形雖不見爲我莫不有我形寓存萬物皆備于我此之謂也甞甞者每以爲身內有我身外無我我身存則形存我身亡則形亡是眞執著之見見有形之形而不見無形之形守其質而忘其能外動于利害而內嬰乎禍福曾不知其能之不恢質將日歛昂然七尺亦腐殼耳則曷不生乎金石草木而縱生兩足之爲

二情　人生而有形。人亦生而有情。形之爲狀萬殊。情之爲狀亦萬殊。其發于外者。可區爲個人與社會之兩方面。人生之道德問題。即于此二義是決。蓋個人者有限者也。社會者無限者也。殉個人之情則逐物意移爲物所縛。通社會之情則動乎無垠。發皆中節。故偏個人者其國亡。重社會者其民昌。其機甚微。其應如響。希臘之盛也。舉個人生活悉與社會一致。而其衰也。迺以傾于個人方面。其明證也。夫生今之世。不能衣草食木。逍遙乎深山大澤。與人無涉。與物無爭。而人世往來。莫不以禮節爲重。禮之所發。必根于情。其禮不根于情。與夫行不以禮者。舉世莫貴。今有人日遊于都市。而獨往獨來。獨歌獨哭。徑情冥漠。宅心靈渺。高則高矣。猶將爲世棄。于世無益也。又其下。計一身之苦樂。衡一己之利害。不以羣衆爲意。不以博濟爲懷。將率天下而趨于私利之途。斯人道將絕。此其故。皆在反乎人情。何以云然。草木有木草之情。鳥獸有獸鳥之情。然而不足語于人類之情者。其情狹而不廣。止于一體。暫而不久。止于瞬息。猶之人。不以社會之情爲情。而以個人之情自隘者。喜怒哀樂。僅爲及身而發。不足以結團體。固社會。行將屏于羣衆。而其種姓且澌滅以盡也。故喜怒哀樂之發個人有自主之權至發而皆中節則未有不影響于社會制裁者近世思想一致之說謂此也顧今世人情之敝特在偏于個人情之發育不以人道爲依歸而以樂利苦痛爲根極抑此樂利苦痛僅以塵微之我爲標準推其病以爲人我不平等而不能持公平之見夫物之平等物之情也今失物之情矣何以自寓其情哉彼誠不知無有乎人何有乎我世獨有我亦即無情而方羣以情相詔或曰感情用事或曰人情當然斷斷乎個人之情異乎世所謂情也吾因之有感矣白水指盟青松援誓患難相遇推井下石又或大酒肥魚之社來牛去馬之場金石無以比其心雲霄不足喻其義及其一旦殞喪白骨未寒而漬酒不至鳴琴未塵而餘哀不聞此猶曰于友朋爲然也逆詐骨肉之間操戈一室之內片言生釁乾餱起愆則且兄弟相陵父子相詐有之矣世道衰微有由然哉（未完）

說雍（一曰陝西略論）

劍人

一地數稱一名數指吾國地誌之通弊也求其名稱與現狀確切者至

難故就一地以立言取其最初與最近者名之爲得今以雍名篇亦即此意

紫陽解無衣之詩爲之說曰「雍州土厚水深其民厚重質直無鄭衛浮靡驕惰之習以善導之則易以興起而篤於仁義以猛驅之則其强毅果敢之資亦足以强兵力農而成富强之業非山東諸國所及後世欲爲定都立國之計者誠不可不鑒於茲凡爲國者其於導民成俗之略尤不可不審其所之也云」予誦斯語知紫陽深有痛於宋之憚於西遷致慨於靖康之禍故其言之欷歔累息而不能已也如是推紫陽之意豈不以雍之爲地有周文武用之以興戡亂之師建不世之業積澤餘威之被於後世者蓋數百年至秦應時而起一變其俗不崇朝以之招八州而朝同列雖其地擁九州之上腴據中夏之廣區然非得聰强優秀之民族以利用之而能如是炎漢以降帝王之所以育業雄傑之所衍功雍俱在所必爭而被山帶河四塞爲固之雄一得一失之間遂爲臣服中原莫大之一武力其地**以迭更材智之慘澹經營故聲明文物蔚爲我國之先驅而組成吾歷**

史之三要素或以道德或以功業或以文章爲數千年源源進步之大動力後先輩出不絕於史者雍人又首屈一指卒以物阜民殷關梁之險多所襟帶得之可以逐一二梟雄併吞包舉之私故多爲僭主頑夫所竊據兵連禍結爭地以戰殺人盈野爭城以戰殺人盈城至於重關塞圯萬家荆棘君子則爲猿爲鶴小人則爲沙爲蟲存者皆鋒鏑之餘而昔日之餘韻流風可以牖啓我後人者蕩焉無存高門大第絕舊德之名氏義歇風消少高曾之規矩昔人有言 **屈大夫所深惡痛絕如脂如韋之習將於雍人見之也** 信乎吾雍之竟服士夫果若是紫陽有知我知其譽不容於口者將轉而吁嗟太息於不置矣然抑知時至今日高掌遺蹠之河山與夫逴躒諸夏之民物均將爲他人之屠肆俘囚也而又奚止於雍然雍則在昔或以始封而建國或爲中土之先聲其民平居則好義奉公有事則同仇發難者何其雄也而今何如耶嚮所謂複道周閣美人鐘鼓木衣文繡土被朱紫之盛狀昔人所指爲勞民傷財

者即今思之非其民極一時之材略其地爲大國之首都烏能如是耶讀史至此無不想像低徊而感慨係之者又況我雍人之歌於斯哭於斯聚國族於斯者撫今思古爲悲爲恨將何以爲情哉由是言之我雍人想亦返本溯源致慨於前此光榮璀璨之成迹迄於今而掃地無餘至於此極矣然徒爲無謂之歎息而不思自奮焉是何異巨室中落之子弟饑寒交迫無周身之策尙舉其門望以自豪匪獨不足以驕人辱及先人之罪指責之者爲有詞矣故吾雍如火如荼一往而不可復得之盛振予腦而汗予顔縷覼言之匪獨來詞費之譏更恐召辱先之誚嗟我鄉人想亦飫聞而習誦之矣且慕古之情盡人所具立於當前而一溯既往無在不足以觸發其流連嚮往之思又況今者吾儕有似無國之人緬懷其祖若宗之偉烈豐功下至稗貧販夫想同此傷心也而更何俟於予言雖然已往之成迹固無取剌剌於國人之前矣但欲知來必先察往是則吾雍數千年巍然立於宗國之歷史又不可不先一略述之始進而與邦人諸友一商榷吾雍所處之地位與其時勢將何途之從而始免於他人所謂國亡家破之禍也歟

以上概論次就歷史立言但關於軍事地理方面本社思類已著有專論下只敘其大略而於人事與地理關係之點詳言之以成吾說

溯一國開化之源不知經幾多之變遷延長久之歲月醞之爲重於國中者不必至今而如故今之所視爲政略之要衝文明之所萃者又在昔智慮之所不及而因人事之演進於不知不覺之間發榮滋長以成今日之現象者也仰觀太空俯察大地無不準此理以進行而一地方之隆替尤足表現此理之眞高陵而深谷桑田而滄海人羣飄附其間戰勝天然芻狗異類之結果萬事萬物遂無一成不變之局而轉逐隨緣今昔殊其狀前後異其形故一國圖藉縱橫數萬餘里則其中數百里或千里不過全局之一部而已然有時即此區區之一部其勢力已足左右全國一有動搖爲禍爲福而四圍咸受其影響以言陝西之於中國地積人數十分之一而有不足也然徵其過去之事迹與夫在昔之輿論莫不以爲據天下之上游制天下之死命故以陝西發難雖微必大雖弱必強即不能爲天下雄亦必浸淫橫決釀成全局之大變蓋陝西之在中國猶人之有頭項患在頭項其勢未有不潰敗決裂使全體

失其知覺者（上數語引顧祖禹）是雖就戰伐以立言雍之關係於全國匪輕也從可見矣載稽戰國策士之談劉漢諸臣之論（婁敬之說高祖推本周室之亡雖其德薄而歸本於形勢之弱故力主都雍且云方今之民肝腦塗地暴骨中野哭泣之聲未絕傷夷之痍未起尤以扼制形勢爲要）於當時立國於雍之政治軍事三致意焉誠以其地據形便之居扼天下之吭割據之秋可以蔚爲大國混一之世更能控馭四方也故自姬周以降得其地以興失其地以亡者比比今舉其犖犖大者著之於篇見吾說之不夸而吾國數千年民族智力長消之大勢亦於是略見之焉

予今言吾雍建國之歷史遠而姬周近而朱明人所皆知略而不論可也嬴秦以下請罄其說秦起雍岐之間修德行武初而與外界加盟通好內則擴張其國力外則吸引其材智不數傳而取威定覇勵侵略之長策極外交之能事以當時五六之大國致誠締交猶不足以禦之卒以時逼勢迫互相携貳地蹙而國爲墟論世者多斥六國之自戰所親而媚事其讐以底於亡不知當時之秦無上無下皆新進勇銳之人進取一切難成之效掌握魁柄者又朝夕有以獎勵而誘掖之其國威横溢不可

遏抑者有非諸國自强無術策勝無方徒藉辨士口語要約鬼神之國是所可同日而語也即使諸國者努力以敵之猶懼不濟蓋以多慧久滴之民而與頑强突進之國相見未有能勝者也又況秦之地勢便利持戟百萬下兵於諸侯如高屋之建瓶水也耶故秦之興也在能用天然之利以人力補助其間是以當時以言政治之修明軍備之充强皆莫秦若也始皇出而混一區宇其能掃除千百年之舊制而爲一大改革雖曰不世出之雄主有以致之**但使秦人不根於歷史有累世之蓄積得諸遺傳有偉大之思潮與夫掌握區夏隔閡華戎之利便**焉即有蓋世之英如何運其政治之雄略亦未必如因勢利導者遽易伸其志也及秦之王綱解紐推原其故二世之愚闇足覆宗然當時革命之軍一呼而集者數百萬以爲的者無道之政府而已然竭天下之力僅乃克之至西楚掃盪煩苛挾其百戰百勝之威手裂統一之天下武力蓋世史稱其近古以來殆未之有乃不久云亡其失敗之因雖不只一端而入關以後不知招納豪傑控阻雄便以臨制宇內舉而遺之三羌無遠略之翟反懷區區之故楚焉識者早知

其不終矣至漢高當時所挾以取勝者不外得關中而已故忍辱含詬以遂其志連戰而帝王之業以成拔山蓋世之雄不免顚蹶於末路其勝負之數豈非早於雍之棄取決之也耶漢得天下首定大計建爲首都歷年蒸民苦於鋒刃一王馭宇與以休息雍又重爲帝子宅京之所當時政略首從事於移殖之策豪民大姓徙實關中次明禦侮之方設郡屯田用絕邊患修明內治敦勵絕學即有巨鎭强藩叱咤稱兵而臨以赫然中央政府之威反側旋定且碩儒鉅子亦乘時出其所學敷崇墳籍於典文殘落之餘敦勵風尙於義往風微之後其人民發强剛毅之氣由人事與地利各方面有以開發而涵育之故雍人

以事功著者多致力於堅苦卓絕之業而與吾國千百年後莫大之影響焉良有以也自漢以降所謂百戰之英一時之傑或挾士馬之雄富或以憑藉之殷饒皆於關中之能歸其掌握與否而遂竭數百年之哲慧術智以苦相周旋至其結局成敗攸分有幸有不幸者均以此也略舉其事如魏武之於馬超韓遂司馬仲達之於諸葛武侯典午永嘉之變苻堅之與慕容垂宋武之於赫連勃勃皆是……

●附說　曹操與馬超韓遂相拒也。見前敵日至。大喜。及破之。人問故。操曰。關中險遠。若敵各據而守之。征之二三年不可定也。今其皆集。可一舉而破之。是以喜耳。

●魏制中原。司馬氏又提秦雍之勁卒以與千里負糧之蜀軍相持。已早得優勢矣。況亮之出師。仲達料其當出武功依山而東。否則西上五丈原。不以敗還必以饑退。蜀相雖材。其如無地利何哉。

●東漢之末。匈奴竊便徙其諸部屯守北地朔方五原代郡雲中定襄雁門諸郡。河西之地。悉爲所據。至魏武復徙諸氐以實關畿。用禦蜀軍。及晉之初。而中原已隱隱爲諸夷分裂。元海匈奴也而居晉陽。石勒羯也而居上黨。姚氏羌也而居扶風。苻氏氐也而居臨渭。慕容鮮卑也而居昌黎。異種日蕃。習尚趨於華侈。貪婪作亂之志。因以日肆。故元海一呼而其羣四起。中州雲擾。函夏丘墟。良以此也。

●苻堅於羣胡互呑相噬之下。覇有三秦。用濟時之宰相平。殄燕代兼滅梁蜀可謂強矣。陷于慕容垂之甘言。空國妄舉。欲跨有江淮。乃隤於晉師。返未及境。而諸夷乘之。垂收陝東。沖據關右。而秦遂亡。 上數節雜採古論

●宋武以英特之姿。攘袂而起。平靈寶於舊楚。定劉毅於荊豫。滅南燕於二齊。克譙縱於庸蜀。殄盧循於交廣。西執姚泓而滅後秦。蓋舉無遺策。而天下憚服矣。北方之寇。獨關東之拓跋。隴北之赫連耳。方其入關。魏人雖強不敢南指西顧以議其後。而秦民大悅。以謂百年憤辱。去於一朝。相與涕泣而留之。以其爲漢室之裔。乃以長安十陵咸陽宮室以動其情。使武帝因三秦悅附之民。治兵蒐騎而留撫之。通江淮之漕。下巴蜀之粟。舉荊豫之師。發青齊之甲。以拔趙魏。從事於中原。則天下之勢。不勞而一。以其居重而馭輕也。乃席不暇煖。舉金城千里之秦屬之乳臭。引兵遽還。無復顧慮。大違秦民之望。致赫連躡踵以收關中。流毒中夏。志卑猥而坐失事機。宋武之謂也。 此節本宋何去非說

……………

(緊接正文)蓋雍之爲地也。**由晉而上溯之。爲王霸大權交爭之所聚。而同族以政治能力相見之區。** 故朝姓一有

更迭立國之元素雖不免有所摧殘然經一度之革除舊者去而新者生因革損益之間緣飾而有所改進載在方册斑斑可考以**其變亂一方由於政治之腐壞而生一方即根於政治改良之熱潮而起**故其結局國內之形質少有變更而**立國之精神更緣之而有所助長**蓋爲同族之競爭方能如是徵諸往事匪惟吾國有然天之所覆地之所載其族姓自相乘除之餘均如是也**西晋而下則雍之爲地乃異族蘊崇之毒一旦潰發而爲種族與種族武力交戰之塲也**慨自漢魏以降**吾族聯兵相噬材傑皆困死戎馬之間**我武不揚醜類生心致其竊居雄便僭食上國於是聖帝明王之所都文物聲靈之所萃舉爲腥羶貉子破棄無餘劉寄奴所謂一時之雄乃徒熱中帝位不務遠略舉重關委於乳臭而偷安於瓊花淥水之間斷水殘山之下不數傳而國亡家破覆轍相循此其故**非雍涼爲人所制國防不守而遂不足以立國之**明驗也哉逮至揚堅首出憑藉割據之餘息利用凋敝之人心所謂人厭殺伐神思反德之

世勵行兼併之實風馳雲捲迅奏統一之功造新都於龍首（在長安首尾跨渭水樊川之間）以控禦四陲一掃昏亂之日月雍州稍復舊觀蓋隋文既慨於久衽金革之民生故手剪羣敵之後首先奠定神京以一天下之耳目復以州郡過多取存要去閑併小爲大之策悉罷諸郡併爲大州使互相牽連以收拱衛中央之效讀當時楊尙希地無百里數縣並置戶不滿千二郡分領民少官多十羊九牧之論見當時山河久經破碎政治底於煩苛久矣不聞設險之謀駸駸乎有秦岱夷爲土壤之勢誠以禍亂頻仍而異族雜處關門以外即爲敵國雖有險無所用之也至隋而雍始復其舊後賢謂文帝爲師心變古抑知秦漢而下能利用陝西以涖天下者始皇高祖而後楊堅亦一雄也李唐起兵之際與之擁地稱尊者左右相望而唐卒能屈服諸雄化家爲國大業以定者以肇事之初即扼險入關大勢歸其掌握也有唐一時政略可紀者首罷郡置州繼分天下爲十道設府六百二十有四行府兵之制而關中即置府二百六十有一有事不必四方徵調可以命將出師無事則將歸於朝而兵散於府所居者重所馭者輕蓋爲強幹弱枝之計而大行集權之策也當是時雍州爲帝容所寄百辟

所宗唐室正位之初實行開明之治內撫華夏外接百蠻雍之爲重於全國有光於吾史及此而再見之然極盛之餘中葉以後宵小竊權而紀綱坐廢邊將久任而藩鎭生心以人事言之彼時則內輕而外重巨鎭一搖足而神京有瓦解之虞矣然猶假王命以制相者豈非皇居擁天然之利便而又積威之所刼者有以使之然耶自時厥後繼唐而起者迄無大略專以武力取覇一方至石敬塘而開門揖盜爲萬世僇雍之爲雍受禍之烈西晉以後又其一矣藝祖成功于天下雲擾豆剖瓜分之後牽於已成之局未得逕行其志而百二關河時方殘破不得已權據河南四戰之區以與吾族少事休息徐圖修復之業故當時大政方鍼悉主寬緩中州則收其甲兵撤其武備而以書生領大郡邊嶠則去其封建之名而陰行藩鎭之實使習其地者自爲之守盖所據以制天下者非有撫背扼吭之勢而有備多力分之憂不得如是也乃後之人相戒無事不能成前人未濟之志憚於西遷數世之後良法美意積久弊生**人謀既凋敝於前而又不如有唐之憑據要衝得天然之輔相以盾其後**窮至其極竭全國之力不能與偏方相抗寖微

燹俶降及後世寇難長驅直擣蕩然無藩籬之足固屏障之可言一撫故宋遺編其失策未有甚於苟安而憚於西遷之甚者也及其轉側流離英雄不能用武策士卷舌吞聲敵至一州則一州破至一縣則一縣殘（宋人語）首尾橫決皆前人貽謀之不臧政令之所從出者不得其地四方因以不靖而外夷乘之尋至蠻族接踵管領神州蓋一彼一此均以兵力相角不幸而吾族以積弱之故敗北屈服一國之文物尚供其揮斥何論及大好之河山也哉　**然推原其戰勝之原因又未始非先得物質之便利有以致之**　得喪之林昭然簡册宋明以下大禍首發於關中迄於今物換星移時易勢殊吾欲追言其故亦不過代往昔以興悲而已於此去之雍人何益之有哉然上起姬周下迄趙宋予已次其大略矣瞻奕奕之梁山攬畇畇之禹甸往事不堪回首矣來日大難雍人雍人自玆以往將何如哉吾故繼此而猶有說

以上敘說雍之歷史　（未完）

日本教育發達史論（續第五號）

少白

第三節 近世（德川時代）

記者曰。吾嘗觀中日教育之盛衰而求其歷史造因之差異。求之上古若無得。求之中古得矣。而未盡。及至近世也。乃恍然乃默然終則泫然。甚矣世變之劇也。德川建幕當中國明末。吾國有鼎革之變。德川建勘定之功。其始亂而終歸於統一也。同而盛衰趨勢自此分矣。德川家康者。日本近世之偉人也。起兵亂世之中。轉戰四方。卒定全國。建幕府於江戶。改封諸藩。川大小相制之勢。以防不測。大局既定。乃悉力於教育。日本近世之學。開倡之自公。而漢學教育之發達。遂爲日本近世教育特色之一焉。今請略述其概。

中世之末。兵亂頻仍。世少求學者。一二儒士。僅抱殘守缺。入山林以待時。學可危時可傷。已家康初起。即志於學。聘碩儒藤原惺窩。講治道。暇復招羣僧。使錄古籍。雖在陣中。亦然。及爲大將軍也。乃刊行古書若干。召惺窩弟子林羅山至。共籌振起教育之方。原其志在搜古籍徵學者立學校印行書籍四端事業浩大雖未及成功而卒而教育復興之機至此已熟後日之施設皆繼家康志也嗚呼偉矣此漢學教育發達之第一期

學校之興也其自德川家光始乎寬永七年(西一千六百三十年)家光賜江戶忍岡於林羅山以爲興學之地繼擴張之名昌平校規模之大逾於王朝之大學學科、分經史、國史、律令、詩文、五科。經史皆以朱子說爲準(單言史指中國史也)而律令則習唐明律令及其本邦律令等焉要之其宗旨在以宋學勵節義而兼習法律以爲致用之道其分科之狹隘固非今日之儔而立校數百年學員常數百人鴻儒輩出爲近世教育界之中心者幾三百年今其校雖廢遺址尙存吾人當夕陽西下徜徉其間俯首小思楓想見當年師弟一堂雍雍論道之狀而其地也與今之大學相去非遠新影陳迹交映吾目今昔之感已不絕於吾心矣而尤念大輅椎輪精巧所自生論發達之由來則德川建學之功非尤不可湮沒者哉此漢學教育發達之第二期

家光之建學也未及於各藩五代將軍綱吉時藩學乃大興綱吉好學在位三十年。

專事講學屢至諸侯邸親講書而使其藩之人相討論焉風氣所趨各藩建學者乃日衆其教授科目略同昌平校納藩士子弟而教之兒童自七八歲授普通教育令走讀十五六後爲寄宿生教法則讀講外設輪講會時課以詩文又間使之作策文論文等月終試之而春秋更大考以評其優劣焉此等藩校逐漸加增蓋至德川幕末大小達二百四十餘如名古屋之明倫堂鹿兒島之造士館米澤之興讓館水戶之弘道館等尤多歷年所爲教育界之重鎮其效果所及多出名人而學生皆藩士也故出則講學歸而習武事德育體育同時發達全國數十萬武士乃隱然爲日本近世國民之中堅藩學之功不亦偉乎此漢學教育發達之第三期

綱吉而後幕府失政及吉宗即將軍位乃成中興之治吉宗英明之主頗留意於教育命室鳩巢作六諭衍義五倫和解等授之民間寫字師使以之授兒童又禁淫書淫劇等社會教育爲之一進其後將軍家齊家慶皆於平民教育有所施設復値其時承平日久武士多流於奢侈舊年氣概已漸喪亡民間任俠羣起平民勢力乃漸擴大

寺子屋之説。前節少言之。而以其與近世平民教育關係尤密也。將復詳述焉。其始、有也。約在足利時代。及德川之世。遍滿全國。學科習字外。教珠算讀書禮儀等。讀本則三字經、實字教、商賣往來等。因業而異。教學科陋簡而切實用。就學年齡。約自七八歲至十二三歲。兒童之入學也。其家人至師前。敬禮而諄囑之。有過受譴。誓以不怨。是故師弟之契。有中國古風。弟視師如父。師視弟如子。寺子之名因以稱焉。而其爲師者。多地方望族。明家庭之風習。故能應兒童之性。以施嚴教。智育之道固不備矣。而個人性格之訓練。愛國精神之啓發。皆於此見之。夫寺子屋之陋。自今觀之。若不足道。而在當時。則平民教育實恃乎此。儲國民之元氣。以成維新之大業。其爲效也。非所謂隱而大。徐而溥者也耶。噫。可感矣。

綱吉而後。私學之興。一時稱盛。寺子屋爲普通教育之機關。而此則以研究學術爲旨。二者之有。皆平民教育進步之徵也。私學之設。散在各藩。其尤名者。爲伊藤仁齋之家塾。校名堀川學校。教授約四十年。弟子達三千人。其影響之大。可以概見。其他尚有名塾若干。要皆於藩學之外。獨標旗幟。講道論學。以助學問之進步。平民漸窺高尚之學術則地位自漸高其結果所積皆爲維新後平民勢力伸張之先驅夫平民教育之進步日本教育史上之一大事也當在王朝學問之權盡歸貴族中世以還教育中心在乎武人其趨向之偏亦循進化之理以應時之宜而成固無足深責者然使平民教育長此衰微及維新猝成乃驟談教育之普及則其結果爲何如乎平民無學則智識窒塞愛國觀念必亦缺乏於蚩蚩者氓而驟命之以學問則其智力所及不能容納其不能速奏効也蓋可預必夫平民居國民之多數平民之智力微斯國家之實力薄日本之興或不如是之驟也而幸自德川中世平民教育漸形進步寺子屋之爲教雖簡陋而普及私塾之講學雖不備而有成平民德智無形之中涵養而增進之迨維新業成多年潛蓄之勢力乃現而爲用焉夫當時交通不便山陬海濱殘燈破屋或咿唔相對或抵掌古今其時師弟要以爲行及時樂了人生事而已而豈知其遺效於後日之大之至於如斯哉涓涓者流將成江河此之謂矣

此漢學教育發達之第四期

天保而還內政弛外患至革新之運成矣教育趨勢漸入於革新時代漢學教育之

發達至是終而吾將統論其影響於今者焉夫德川時代之教育純宗孔教者也修身之術處世之方多遵吾國古訓而諸說之中尤尊程朱學校授之以之範圍人心者幾數百年雖至今日西士學說之感化已達盛時而社會之間家庭之際中土古風猶時流露夫程朱之學拘泥狹隘日本過信之故固非無流弊可言然而重廉恥尙謙讓程朱長所當時法之成其私德即至今日其遺傳感化二力猶有不可侮者此一也德川中世以後陽明之學興於民間幕府禁之而勢力益張知行合一之說助長其尙武之習俗鼓舞進取之精神維新名人多受其賜者即至今日言修養者大抵皆尊其說則王學之在近世也晚起於宋學而影響於今者較宋學尤大也此又一也凡此皆德育方面也若夫智育吾國學術惟哲學爲盛理科則數千年來不甚進步是故其立說也多主理論少實際與近世西洋學術較固相形而見絀日本師我其趨向之偏亦固與我等然而德川之世宋明之學盛行三島其研究縱限於一部而理想發達智力增進涵養磨礪之功乃適爲吸取歐西文明之預維新以來日人以學漢學之智力移而學西學其智力相應故能理解融化之駸駸進步乃有

今日嗚呼此不可不謂爲近世漢學發達之賜也夫當維新初載歐化盛行後生小子笑漢學爲無用鄙儒者爲迂拘中日戰後因輕其國更賤其學忘恩之極甚謂日本古代進化後於泰西者皆漢學渡來之罪此說滔滔蓋至近年而始息焉嗚呼向令無漢學之賜則日本今日之文明可斷其無不以爲恩可耳而乃以之爲罪耶爲是言者誠喪心病狂哉夫若以歐土學術授之非洲黑奴其收效之速能與日本同則吾無言也而不然者將復何說此誠吾所欲大聲疾呼質諸日本識者而急待其解答者矣

記者曰吾述至此而若有物焉怦怦於中而使吾悄然悲也日本與中國隔一帶水當德川初世日本學校復興放光明於教育史上而其時中國何如哉陸沈禍成兵燹滿地篤學之徒高潔之士流離喪亡不數世而盡平民無知伈伈俔俔乃復俛首以享昇平之樂哀哉天下定矣而神州學術自此亡焉夫近世以來朝廷非不刊書籍禮學者其於教育若留意者然而其宗旨何在乎恐天下之士橫議誹謗動搖民心乃以高官厚祿餌之其猶豫不應稍有異言者則不憚犯不韙用極刑歷代文字

之獄是也其應者則使之困於詞章訓詁之末以終其身當其始也人心未死羞恥之念尚未盡喪及歷時既久歷史之事忘而利害之念勝人乃以爲求學不過如是國民精神乃盡喪矣嗚呼其爲計何其巧而敎育尚有可言者哉自是二百年來平民之無敎育無論已求學之徒聰明俊秀之士充其才固可以明國學耀國光而習慣成性皆以干祿爲目的以讀書爲手段朝登仕版則暮廢學業且其所學亦制藝講章至卑卑不足道是故近世之中一二哲人抱殘守缺者外求實力於學者幾不可得而先哲名著徒爲彼等應試之資料而已國學至此雖謂全亡無不可也夫漢士學術盛於先秦中世以還雖時有進退乎而宋明之世哲學進步之跡歷歷可見自然科學雖尤幼穉然向使近世國學大興則涵養磨礪之餘固有者當益完成無者亦以好學習成易於師他以自用其影響於今日者固當何如況即謂智育之偏狹爲國學短所則德育何如哉廉恥之道立則道德之本固夫何至人心腐敗以有今日嗚呼中國近世之與日本蓋適成爲反比例耳神州衰微有由來矣吾嘗觀今日學堂之現象而歎近世敎育政策遺毒之深夫彼愚人者何足責獨怪夫數百年

來愚於人者之愚也此誠可爲痛哭者矣

(此節未完)

廣解蔽篇

碧空

昔荀卿生乎戰國習見夫諸侯異政百家異說治與亂相持是與非相競冥冥昧昧各自蔽於一隅慨然歎爲人生心術之公患故疾憤憂勤而作解蔽篇吾嘗即其說論其世以爲當時之所謂蔽者信有然亦豈至如今日之甚者哉種族亟社會危學術泛而無當淺而不周樊然殽亂而不可理天下蚩蚩窮無所歸長民者無能救正之而委之於國民國民亦不覩所謂大體者逐末而忘本舉偏而廢全犁然私其所積唯恐聞其惡也倚其所私以觀異術唯恐聞其美也是以於道反而騖走莫知所蔽吾故即荀卿解蔽篇以廣之不優於學問不長於才能不備於道德激烈自飾而冀以動衆流風所播將援天下而盡人標榜之一途如是者謂之名蔽夫名者實之賓也不憂其實而徒喜其名則好名之心人誰不有將使國民失固著之性而成流轉之質向之所謂頑固者求其足跡必遍國中而不可得矣悲夫蔽於名者之害也

論著

已既以名自薇則天下之以名蔽之者亦必多故夫十年以來執政之夫以新政之名蔽天下學校之設以數萬計省府州邑矗矗而立整軍紀者兼海陸明農保商勸工者推及藩屬立憲之詔旦夕數下考察憲政諸臣先後四出而挾策上書請求國會者車軌接乎都門足踵躡乎海外上之覊絆之術且隨下之干進者之轍以數轉嗚呼天下之蔽於名而不求實者衆矣立憲非惡名所惡者其實也然則舍此而他求者求其實之美已耳無所取於其名又奚必因之以自薇爲哉泚於是非昧於曲直求苟全而蒙至害如此者謂之利蔽獵者入山見猛獸而追之獸死其一而人死其三然而人不以此而廢其業者蔽於皮毛之利而忘嚙噬之害也今國中人士蔽於功名蔽於富貴者無論已其有翹然特出而具有通達之識者則又蔽於一族之小利謂中國國體之所適不得不左美法而右德日金鐵可合爐而治薰蕕可同器而藏其於吾族之歷史何嘗能明其一二哉歐西有三島國焉政教修明人士婦女相與嬉遊於高天厚地之中印度人纍首而立於其側猶塗炭也亞東有三島國焉亦以四十年之歲月登其民於衽席台灣人入國門裹足而俯伏莫敢仰視傳曰旨

酒一瓶兮余與禍之父睨之由此觀之利耶害耶國無人焉而後亡國亡而至以亡國之隸作苟活之謀謬爲利以自蔽則何不棄國家而言世界泯種族而言人類色之黃者白者紅者黑者與夫棕色者五者之中一有利焉即謂爲四者之利亦何不可之有君子之立說也不敢以利自持尤不敢以之動天下蓋是非曲直之判不在是也有賤丈夫焉曰、我善言利謂義爲徒然以害爲大戒樂利者羣焉趨之事趣行攫舐痔吮癰不以爲不義遇一事焉徘徊而不敢爲則以爲有害由私心而生妄念由妄念而引外物心物相交夫焉有不蔽者哉以守道爲固執以明民爲迂濶因利乘便汲汲焉以操持天下。如此者謂之勢蔽。夫勢者。亦非必人之所不爭也。登高而招臂非加長而見者遠。順風而呼聲非加疾。而聞者彰。若是者何勢也。雖然不尙賢不貴能勢果可恃乎果不可恃乎愼到申不害之徒之立說也挾勢以動上執法以馭下進以賢聖曰、無所用之故天下相趨於便宜而大本不復修立策士游說之風盛於一時至漢初猶未艾者而重法輕人之說雖儒者猶樂道焉豈非蔽於勢者之過哉今世外患迫矣內憂深矣豈豈國民日逐勢而不返長民者恆以偏僻之政令號召吾民其自號政客者流則又以要求為慣技運動為長策阿附公卿以為憑權藉勢之地借曰勢果可藉也今之勢宜莫不可藉矣何以朝三暮四之術又變而為暮四朝三向之熱衷夫勢者至此始瞠目結舌歎息於勢之卒無可藉使早儲賢智以任天下則學校之興亦已十年言保種者遍國中倡救國者滿海外而國民無獨立之風人士多趨附之習其於救亡之道南轅北轍終不可至何至遽如斯之甚邪記曰、無本不立。國民乎。國民乎。則盍自反其本乎以同流合汚為中庸。以矯枉救弊為立異。事事盲從。而不擇乎是非。如此者謂之俗蔽。夫此一事也為吾國志士通人之所視為不急也。久矣。吾亦刺刺奚為乎。然而風俗之醕疵與種族之興廢至有關係故辛有適伊川見被髮野祭之俗至歎為百年其戎其後卒為陸渾所有若是者。何也風俗者政教之留遺也政教廢則羣制亂羣制亂則風俗敝風俗敝則人且忘其祖等衣冠於贅疣視禮樂為桎梏左衽其服侏離其語曾不少怪悲夫悲夫五胡之亂十六州之割蒙古之混一中原當時之民習於其俗亦有如後之讀史者之痛心否耶今國中俗蔽甚矣冠履衣裳起居習慣其見識於外國者不知凡幾無識者習而安之謂中國之所以別於四夷者罔不在此矜矜焉以保國粹之心保之且唯恐一旦之偶有所革也故夫利祿士夫迎上意而順下情先後陳辭儼若天經地義之不可與民變更不其怪哉嗟夫風俗之不良亡國至大之因也國亡矣則且將以不美之俗遺之歷史爲他族所非笑不亦羞中國而辱及吾古先耶吐棄名理摭拾膚說外以欺人內以自欺如此者謂之學蔽夫吾國十年以前之人士心思耳目受束縛於帖括詩賦之末雖以老莊墨荀之書且束之而不觀況皙種之學乎雖然此特蔽於科名非敢悍然不顧謂之爲孔孟之道可斷言也而今之學者異矣上下古今縱横世界以競爭生存之例範圍人羣立說之酷至戕賊人道而不恤其蔽一神聖國家犧牲個人強凌弱衆暴寡富役貧人與人之間唯權利之是視骨肉親戚不相保也其蔽二作物質之奴隸忘人生之本眞謂賦形而生盡於物理道德禮法皆虛設也其蔽三此三蔽也爲今之學者所最盲從而不知自解者也況假言立說欺惑愚衆者尚不止此已耶嗚乎大道不明學術日僞天下之人各流於一隅以自蔽衡以戰國之末其所通者百不逮一而其所以蔽者眞如耳目鼻口有其明而不能

相通學之無益於人國顧若是甚哉吾願國民之知所以解之也如以上五者其蔽也俱非外物之所能蔽者也唯作僞故好名唯徇私故近利唯昧義故藉勢德漓而俗圮道喪而學岐窮究其本皆愚民之術爲之也後之任天下者明民乎愚民乎噫、可以知所擇矣。

夏聲第六號

美國民主黨之亞細亞人排斥

魯曼

西洋人類學者云世界之交通愈進則人種異同之見自泯人種異同之說至今日已達極點不五十年全世界人類統一之說必將爲人種問題之最終結果雖然、人種問題之發生也同時必有他種關切之動機爲之起因而後此問題始逞勢力不然、人類先天非有憎惡異種之性質也人種異同亦不過一死問題耳故欲解決此人種問題必先自兩種間之利害關係始有此利害之關係而後政治家外交家文學家教育家利用此人種問題互相鼓吹爲之助虐長燄而大衝突以起大戰爭以與不圖此根本之解決則雖至全世界人類統一之時代人種之問題可解決而民族之問題（人種如黃色人種、白色人種、民族如通古斯族、漢族總人類之大別爲人種、同一人種中、大別之爲民族、此人種與民族之分也）究難解決也日前美國民主黨開大統領選舉大會於丹勿阿。以第一次投票。布來安氏、被指名爲大統領候補者。該氏關於亞細亞人排斥之條項。曾宣言曰、『以吾觀之。亞細亞移民。決不能與吾人民同化。且或以彼等之移住。惹起人種的問題。則與東洋諸國。難免外交之爭議。故關於亞細亞移民之入國許可。吾極力反對之』又加州選出下院議員伯爾氏云『欲圖太平洋沿岸之繁榮。不可不先制定亞細亞人排斥法律』夫今日非所謂世界大通之時乎。胡此人種的偏僻心。尚猶不絕於大國民之心也。然在他國尚可言也。美以愛和平。尚自由爲國是。北南戰爭之結果。人種問題已與圓滿之解決。今試至美之通都大埠。美國之婦人與黑奴攜手同行。散步市中。兩兩相形。各是異色。而使人人種偏狹之見。頓然消滅者。觸目皆是。以美人賤視之黑奴。且得與白人受同一之待遇。而僅以人種之異同爲口實。排斥亞細亞人者。以美之國是推之。不宜出此。即以美之國民胸襟言之。亦或不樂出此也。自吾視之。表面上雖有人種衝突之觀。而其排斥之動機。則非出於單純之人種觀念。而起於經濟上政治上之利害關切問題。可斷言也。至喚起兩種間之惡感情。而問題積久莫結。始激

時評

而爲消極的人種問題耳夫亞細亞人種不移住於他陸而獨移住於美大陸者自有故也美之國家雖由白皙人種組織而成然以土地之廣大勞力之缺乏實有需於他洲勞働者之輸入故東洋勞働者利此地工資之高也爭相趨騖美之資本家利東洋人工資之廉也爭相歡迎則東洋人移民美陸。自經濟學言之誠有所謂需給關係之必然的現象而無容怪者也雖然、東洋之勞働者、身體健性質勤信用厚最耐苦且能以最少之勞銀効充分之勞力故太平洋沿岸之大建築多出於華工之手而收穫葡萄栽培荷蒲斯等農事則必有待於日人此資本家所以歡迎而美之勞働者所以嫉之也且桑港者、美勞働者勢力之中心且占最多數者勞働者所組織之托雷得紐翁有左右太平洋沿岸諸州之聲勢而東洋移民多跼蹐於此以競爭劇烈之結果而使美之勞働社會忽失勞力之權衡故禁止華工與排日問題皆胚胎於桑港而旁及於他地夫利害問題在同人種尙難免衝突韓之排日滿之排漢其明徵也況有皮膚毛色之異語言宗敎之別種種惡因爲之助勢乎吾故不得不歎東洋移民之僅知從事於一隅而不知深入美陸內地圖逞其勢力之爲失計也美人經此次勢力的競爭。知他日白人在經濟界上。必處於劣敗之地。使繼此移住日衆以龐大之民族兼具有堅忍之性質既以足震動其經濟界即足以與之相角於生存競爭之中而日人又同時戰勝俄人發揮歐美人以上之武力而恐怖之念爲之愈增故自日俄戰後。西部諸州。對於黃人排斥問題。莫不極力運動奔走植黨以圖擴張其勢力而此次布來安氏之被選。即民黨運動收功之日而案該氏與伯爾氏之宣言。不特移民問題難得善良之結果恐在留之東洋人已難享相當之權利也吾故曰美人亞細亞人之排斥。起於經濟上政治上之利害關係問題也不然晚香坡之資本家何敢大反輿論而以保護日本勞働者之入國申請於政府黃白分校何不出現於日俄戰爭以前而出現於日俄戰爭以後耶此其故可深長思矣布來安氏謂東洋移民。不能與吾民同化。嗚乎、美人之欲同化吾黃人。亦利害關係之問題也昔意大利人移住於美之東部也米人謂意人性質卑劣風俗汚穢。至謂彼等爲惡病之輸入。一時排斥之聲。幾遍美土曾幾何時意人今且進入西部立於美人之側而排斥後來之移住者矣以意人同化於美而美人有勢力補助之利

時評

同時無經濟外輸之害是以積久而惡感情自消也夫東洋移民最富於固守心華工至今風俗習慣依然如在本國具此已可見同化於他族之難也然民族之能爲他族化與否在精神不在形式波蘭帝國之滅亡至今已百餘年耳而固有之語言相守不改路德尼亞以數千人雖受波蘭人之虐待而祖先傳來之文學依然死守有此不爲他族同化之精神雖至形式全亡苟非種族滅絕必有伸長之一日若華工、觀其習慣風俗固猶是吾民也而試問華工中能通吾國文字者有幾人乎以無知識之下等勞働者立於異人種利害關切之場且又不改其卑劣之習慣風俗以調化其感情而增進其親愛徒招外人劣視之心而已又何求焉故吾謂日人之下馱（木屐也）與華工之辮髮其影響於美人之惡感情者正復不少則欲掩與美人不能同化之口實而遂東洋移民之政策精神上決不可同化而形式上究無妨同化也日人乃有以東洋移民排斥歸咎於日人不能與美人同化而豈知精神同化此實美人之所深願者東洋移民行將轉而爲美之國民也雖然美人排斥亞細亞人之目的竊有以知其難達也今日坤圓球上苟人足之所印者即交通之所至全世界既漸擴充而成一大社會今雖言語宗教彼此互異尙未至人類統一之時然言語宗教皆趨於世界的傾向而其機漸熟世運之所趨不惟美人不能阻其勢恐阻之且將感種種之不便也文明經濟非一國私物集歐亞美非澳諸洲之人種角逐於一大社會上優勝劣敗乃實力之競爭非種族之競爭縱劣敗者感爲不利而必欲抯優勝者之害然利害問題自利害問題而必援人種異同之說以爲口實冀以活動其政略者此卑劣之根性也試思己能排人人獨不能排己乎且排斥之結果所得者多抑所失者多乎使其互相排斥則全世界人類統一之說遲一世紀或遲二世紀而始現固所不免而美人內呈勞銀騰貴之象外有貨物壅滯之憂其經濟界先生莫大之困難也且以事實推之僅以在住之美人決不能供美大陸勞力之需求也黑奴廢止後有招募華工之舉至華工被禁後代華工者復有日本人是東洋移民美之一般國民視爲必需之供給可知也今雖以利害問題之故極力排斥然不過西部勞働者之一部分耳布來安氏與伯爾氏皆西部之所選出者故無怪其出此卑劣手段以求得勞働者之歡心也使共和黨勢力偶伸則移民法案或得公

時評

平之改正未可知也雖然東洋之旣移住者今後宜漸從事於美陸內地之勞働避其利害衝突使美國勞働者消其嫉視心以求和其兩間之感情此則最要之點也至美人以恐怖黃禍。遂亟亟於排斥黃人、是亦非正當之理由、不過利用此說、以爲口實耳。夫蒙古人侵掠東歐斯拉夫民族受其大創黃金朝廷威震一時土耳古人征服羅馬割居東歐一隅遺跡至今不滅他如亞拉伯人建沙拉參帝國於西班牙匈奴人建匈奴王國於匈加利黃禍之殘留於歷史激刺於白人之腦筋者固甚烈也然此皆古代史中古史之事實而近代史現代史則白禍磅礴之時也英以五公司而征服三億之印度人非其極烈者乎日俄戰爭實白禍防禦之戰爭也即曰黃禍亦自白禍釀成之也自今以往美人苟重愛平和戰爭之說何自起乎吾謂美人恐怖之念可以消矣此念不消吾知排成他日兩人種之大激戰者必此惡因也夫具有實演黃禍之資格者日人外 厥惟支那民族日人旣演之矣今則支那民族之時期也生物學者巴克曼氏、以遺傳之法論人種之將來。謂代歐人而起者必爲中國人、比亞林氏、謂將來有左右世界之運命而最可恐怖者必在中國人無疑果若斯言則吾人雖屈服於一時而必伸長於異日至其所以爲異日伸長之地步者惟恃有此數百萬之中國人散布各洲已立殖民之基礎而已然殖民政策國家既不獎勵移住之民亦不知開闢領土爲何事歷多年所從未有得一根據地者今且英之加拿大南非洲濠洲皆設有虐待華工之例矣嗚乎、吾民内受政治之排斥外受權利之排斥使長此以往吾恐將來地球上幾無華人駐足處種族且有滅亡之虞而黃禍之夢長此終古也豈不大可悲耶是在吾民好爲之也

中法最近之交涉

俠魔

雲南河口之役華兵戕斃法官弁法使向外部嚴詞交涉要索六欵一、處罰凶手二、革退滇督錫良三、賠欵二十五萬法郎四、賠償滋擾時鐵道所受損害五、修築由山西太原至陜西西安鐵路權六、雲南廣西採礦權等以外之權利其事實雖未經結果然就已往成軌推之交涉成敗可預度而知孰勝孰敗固可以常情論者矣革命之風潮頓起於滇也政府始焉喪膽旋懸爵賞以皷勵効順之士迨剿平滇亂政府

時評

之與革命軍較固得勝利以痛恨革命黨故敢於橫行暴戮戕及法官法因大事要求政府於焉喪氣蹉跎數月莫敢云何則政府之與法人較似歸敗北衡覽數十年以來政府對外及御內之成跡於國民戰罔不操必勝之劵一遇外交罔不失敗大較然也然竊窺近二三年政府之行為及居心直可謂無往不利即無事不克奏效也橫暴惡劣之政不能施行於各國而中國獨悍然不恐顧外人乘釁以藉辭干涉也於是媚外之心起餘則稱臣稱僕不敢觸犯天顏而新智識之輸入及壓力倍增也國內人思有以除其弊而改造之於是革命之熱潮洋溢四海政府始之徒懼外者轉而兼懼夫內外人之來也有土地財產得以奉償則懼者不必懼而草澤英雄揭竿而起者出沒無時政府乃防不勝防據是則革命黨專與政府為難而政府竭猛將智士之力欲撲滅無遺也久矣果如其志即政府之所謂制勝雖以民命為魚肉犧牲國權國恥而不顧自吾人視之似政府之失利而不知政府眼中只有革命黨並無所謂民命無所謂國權國恥且彼方以民命財權為捕獲革命黨之嘗試物者持之有素不然既惡革命黨矣非革命者何咎於彼前以辰丸事欲奪軍火也至

不惜彊下他人旗幟致于國際交涉損吾民財喪吾國權而政府得達其目的今於雲南之役。惡革命黨可也至惡革命黨而戮及於非革命黨重蹈辰丸之舊轍在兵士雖稱驍勇吾知一遇外兵未必即敢橫行無忌然以政府獎勵殺戮革命黨之諭旨屢下其投邊勒功之念有令彼等冒鋒鏑不暇計及者容或有之然吾意彼等雖熱心功名必不肯以身爲粉齏而妄事殺戮蓋彼等所深恃無恐者有政府以爲之後援也政府之目的在撲滅革命黨則彼等爾時所遇於戎馬倉皇之際者非革命黨即滇民非滇民即法人殺傷革命黨者固有功即殃及滇民者誰復爲民白冤而加之過也更甚而殺及法人政府憐其心必能代爲之謝責此其所以妄試干戈得肆行無禁也兵士因政府之心爲心而政府之志望以剷除革命黨爲目的即以戰勝革命黨爲彼之大成功此蓋近日發現之新手段亦即爲永遠制勝之審術也審是則前乎中法交涉若蘇杭甬借款問題辰丸事件問題政府得獲勝利也無疑現乎此者雖交涉未見結局以情勢揣之政府仍操勝權即過乎此而起無數之波瀾翻幾許之風雲吾知政府仍無恙也蓋操術既工而思想單純革命黨而外一無計

時評

較欵可賠也地可割也居民可蹂躪也自吾民窺之鮮不謂爲政府失敗之點而政府曾爲交歡外人之資料毫無欣戚耿於懷也由此推之滇亂之告平政府固奏凱旋大封功臣勝也使當時滇亂不能遽平而政府卒亦可收必勝之功何也賂大地河山以求外援乘利而至者或不至一法蘭西（當雲南革命軍初起時氣燄熾張政府見懼擬密借法兵平之事見中外各報）勢炎初張之革命軍安能與之角使士卒未傷及法人也則政府固可獲全大勝即大禍偶臨戕及强國官弁終亦必告成功何也法使雖極要求至十分失敗不過割地賠欵而已處刑凶手而已然政府第一目的已達即可謂之收功雖更甚於斯亦無所計也聞此交涉發生以來。諸國有表同情於政府者。謂此次法國以鐵道爲革命黨利用。在中政府應求法國賠償。不允許其要求此言果當與否吾不知也即謂持之有理遙遙數月何不聞政府出而嚴加要索吾揣政府之意非不信旁觀之言亦非畏强國之威蓋不敢得罪於法欲留地步於後日藉法人之勢力以防範革命黨捲土重來之舉其不遽處刑凶手者亦非念其功高蓋不欲以鳥盡弓藏灰將士之心恐萬一革命之熱潮再漲捐軀效命者將難爲繼也若然則將來凶手之見殺與否並法人之要求處置能如其言與否今先於犯難士卒及影響於非犯難諸士卒之勢力與法國得可應助之勢力優劣相比較其靑白自見政府所持政策如此惜吾民不察其居心每見外侮之來其辱國喪權之結果輒注全力以怨外人甚至挺而走險至欲以身家性命爲外人鬬而不知處處皆墮政府之術中蓋吾非謂外人不可排阻吾民愛國之熱心誠政府予外人以口實外人有釁可乘吾民不知從致禍之源解決之徒遷怒於人亦末爲得 此旨在負指導國民之責者須詳說其理由於國民方能釋然於向之所惑否則非惟無效且愈熾其炎即使肯從不深明其所以第知外之可排將外侮之來由政府所招者固當返戈相向有時外人直接以橫暴行爲加諸我民亦縮然不敢與之抗啓國民畏外之心爲禍更深於此不可不辨 第曰政府之懦弱外人得以無理要挾豈知政府正欲僅得懦弱之名以實行其陰狠荼毒之策稍有識者莫不知其微見其著而吾民乃一陷於牢籠之中莫或能破來日方長外人藉政府爲傀儡政府又藉外人爲護符相緣爲奸以害我民者正未有艾近今一二交涉之發端及結果特顯然易見者也故吾對於中法最近之交涉無短長之可言第欲換醒吾國民知所輕重而在此交涉中新發見之政策及手段更欲吾民一驚心焉法人之頭顱與吾民之

頭相比顧較價值爲何如哉殺傷四五人即來許多之要求在人吾亦不敢謂其純然非常然一溺吾民被外人踐踏者不知幾許日俄之役鴨林鴨江之間浮屍滿野曾有一人過問乎無也向之諸國於利權之要求祇限於勢力範圍內固常例也今法國乃要求山陝間之鐵道修築權已出範圍之外則知中國之一丘一山皆在外人任意要求之權利中其地素無髯奴腥羶尙以一片乾淨土自雄者知所返矣政府之目的所在如此中法交涉之結果雖未見而如見也吾民之被人欺侮如此則前此頑夢當自今猛醒勿再爲人所愚是則余述此篇之意

陝西高等學堂之紀事及評論

犬兂畏

來函一(陝西高等學堂全體退學事)

陝西函云五月以來省城學界屢起風潮其演劇最大最猛最文明最危險爲吾陝自來所未有者則莫如高等學堂全體退學一事此事之遠因不外去歲運動會及前次石油法政各事監督周石生與學生之種種惡感而其發難之端則因學生挽留地理敎員張子安一事本月朔學堂例行謁聖禮各敎員向多不至

此次之前夕管理員爲各教員發有邀請簡帖詞含憤臌意張教員立將簡帖捽之聞此帖係庶務員姚才波所爲怒尋至食堂監學檢查四人在焉張詢此事皆云不知張於盛怒之下出言未免過火且未盡清界限泥罵幾句而去各管理員不知所指大動公憤要請監督解張約周未及發張即告退出堂學生請監督挽留不許稟請提學使又不批報告教育會已經評斷而又以會長阻之亦不行先是本會因學生報告初五日開會評議學生全體蒞會正會長周石生不至由副會長決定張教員罵管理員感情已傷未使挽留而姚庶務爲禍首必請監督去之學生認可而石生決意不去姚該會將此復告學生學生見事不可爲遂於初十日黎明全體搬出堂內爲之空（惟留豫科學生七八人）前一夕學生萃向自習室搬取物件公舉新代表四十餘人約定口號明日某時起床某時見監督某時出堂部署已定教員李仲特及邵仲輝聞知此事即馳往石生家廷告之且請早爲之備石生弛訑然答曰我早有對待之法公等無憂也渠輩安敢如此果爾雖全班開除何惜乎又聞對某言我係恩撫所奏留之人誰敢如我何我要如何當如何否則與我八百金（監督新俸每年八百金）用鷄哥絲轎送我回法部（周係法部主事）初十日變起周監督見提學歸即懸招降牌於大門（略云考試在即無故退學有心避攷茲限三日內一體回堂否則一律開除云云）當午猶同恩次元打麻雀（恩係師範學堂教務長）上文明樓吃花酒其他管理員如韓德湖等無不主張摧殘學堂毫無悔懼之意不料學生如劍出匣遇患難而光芒大發鑄鐵成心經衝擊而團體愈固出堂以後之舉動誠有令人可賀可敬可愛可畏者全堂二百餘人分住醴泉咸陽商州藍田各會館本

時評

日即馳函報告教育會提學使及城內各學堂以退學之理由並立自治規則舉有稽查調查會計書記各職員以醴泉會館為總機關部出入必掛號費用由公支而其文明價值一躍千丈之點則尤在組織公學之決議此議決定後同學爭認股款登時集有一千二百餘金所擬一切辦法一如上海中國公學初立之故事將由同學暫任教科管理各事刻即偏發公啓一面派人赴渭邑租定渭南新館為地址各處學界聞風而表同情者紛紛函至有舉代表慰問者有助捐公學者有願充義務教員者至十二日官場大為恐怖且三日之期將滿而學生堅持不動知恫喝解散之慣技無能為而壓制摧殘之毒手不能施乃大變其方針遂有本日撤挑庶務斥韓監學之牌示二人斥退後學生氣稍平提學使囑學務議長及學堂收支員邀同教育總會吳會長寶山王書記錫侯張評議密臣及學堂教員邵仲輝等出而調和本日在醴泉會館同八班代表開談判一次學生堅持公學主義不願回堂勸解兩時之久卒不得要領十三日十點鐘六人又往勸駕至下午二鐘學生始稍有轉機因開出以下之要求(一)樂蔡公學公啓已發事在垂成斷難中止確請教育總會贊襄公學之成立(二)必請已去之地理教員同堂(三)周韓必去(四)以後學堂監督必由教育總會及學生公舉又堂內大小各事(關於學生各事)必經教育總會及學生認可方准施行監督不得獨斷(五)學生此次出堂實出於不得已以後回堂不得加學生以不美之名譽(六)以上各條必在教育總會存據以上各條當經六人再三刪改早將第一二四六各條允諾惟相持之點猶在第三第五二條及最後之解決則由六人允許第六條之要求由學生刪去第三條之要求彼此貴諾後六點鐘學生二

百餘人依舊歸堂無事矣

同鄉諸公鑒呈上信係陝西學生寄李季直者是非自有公論不能不謂吾鄉高等學生無道也（東京接信必多然此信以旁觀論之想自有理）吾鄉高等學堂學生浮躁之惡因多自夏燦庭中（以下文與此事無關故略之）弟生平無他長自謂善善惡惡看得分明知我者必不以此言爲我之自譽也此請

學安弟　上言

吾陝學界近有絕大之衝突究其始末適足爲吾陝人衝突之程度而已謹撮大凡聊瀆鈞聽高等學堂每月朔（從前朔望均謁廟現僅朔日）教員管理學生同謁至聖常禮也年來各教員不謁廟常事也而管理每朔日猶投帖請命儼同官風此弟所確知也本月朔監督付各教員手條略謂「歷經瀆告殊覺厭聽（以下略）其意蓋謂後遇朔日大家隨便再不必瀆陳作此套語」此弟詢之各管理訪之某教員而得者此亦極不要緊之通告也而豈知絕大之風潮即起點于斯當時各教員均傳觀無一語獨至張子安教員處而竟有出人意外者夫張子安者京師々範卒業之中等生（直隸人）提學余子厚之西席而課長張紹言之同學友也其學問極平常教授亦不甚合法（弟昨年聽講半載素所深知其講義有不通處現在弟處若欲一觀俟後呈來）吾陝照此樣教員材亦車載斗重不勝枚舉乃伊有恃無恐見手條即忿々至管理院撕碎手條謾罵混賬等語（照上手條所寫諸語看來必不能觸教員怒而教員既知斯不平必手條上有不近情理語此常情也豈知伊以嗣後不執帖來請爲莫大之辱以伊隨便謁廟爲服從雖不盡出此然或不能免否則其原因必在題外或非弟淺識所能測）管理雖不能致辨然聊之甚故監督見學使辭差未遂張子安聞報亦辭館若大風潮從斯開幕矣張子安既移出學生等請監督挽留（學生中以二三人之意見鼓動要挾盲從者乃夥）監督不

允此初二初三日事也然學生初舉猶坦知也繼以外界之助力（學生以監督不從其請乃往見張紹言(張子安友) 紹言以學使甚欲留之諸君此舉甚善然俟與子安係同學諸君可往見蔡思玉(毓善)俾伊代爲周旋必有效等語對學生代表數人又往見蔡某歸乃上學使禀挽留張教員又復呈教育總會公函俾開會裁判此初四日事也初五日乃多數人群集教育會逼開會顯與監督等立于兩造地位而周石笙又教育會之會長也是日未到會張熙軒(學堂監學會中評議)與星映(會中副會長)在焉熙軒立于一造地位星映立于裁判地位是日之決議以撤姚應務差爲償（姚某現兼文案伊所寫者然伊乃承監督命且通過監督後始送致教員院耳然猶以學生已上學使禀只可候批爲最終謝語其實仲特及其弟桐軒并與星映前因商務局某事與周石笙起衝突者即从前補湖南某處知縣因事撤參回籍任士藥局文案之任者） 現在中(司事) 從中潛助欲利用學生洩私憤受金兄似亦極力贊成前對弟云事至此不能講公理又謂學生第三禀（初禀留教員次禀攻訐監督管理之禀係退學禀） 雖短而極精湛有力夫學生攻訐監督管理等此何事而其禀文教育會能與之謀(不解) 且監督監學均紳士又會中之會長及評議也會長與學生有故不從中調停而暗助之使其爲野蠻行無意識舉動是誠何心且管理又官界人甚多教育會如斯鼓動是訟棍也猶不慮官場之干涉乎然使問題果有關係明日張胆爲之可也何爲而作牆中之柱(不解) 學務公所張課長因同學有事故利用學生留教員也攻訐監督管理也學生均受公所之意旨陝西設學務公所以獎亂也(不解) 其他遠因尚多弟不暇贅入乃愈激烈全堂若狂始而呈學使禀(留教員初四日) 繼而要求總會開會(初五) 而又攻訐管理(初九) 二上

學使稟三上學稟（求退學初十事）終以退學挾之（初十日早事）嗚呼因此細故意起大釁諉之咎歟竊爲全体學生惜初十日既退學（非全体亦非全班預科未與事各班均有未出者）均移住醴泉咸陽商州三會館而晝間則羣聚于醴泉會館又欲立一公學而教育會極力贊成各學堂之贊成者亦甚多現充師範學堂某々教員均願盡義務即已經辭去之張子安亦日數往來醴泉會館聲明甘心盡義務（稍有人格者斷不出此）噫誠何心哉而外界之評議多推崇學生雖係常情然亦不知此次之理由也其實此次之風潮學生爲盲動而學務公所則利用之教育會亦利用之特公所奴隷學生總會則奴隷于學生（自事實上言之）以可尊可貴之學生而竟出此無意識之舉動傷已使學使于此稍加鎮靜待學生囂張之氣炎稍息一面密囑教育會勸學生回堂（以此舉論之直可聽其跳躍三日不理斷無不回堂之理否則解散非弟小好持謬論不滿意學生也弟亦學中生一分子竊謂此舉非學界之福益學生之正氣要扶持囂氣絕不可助長教育會學務局各紳其所以急往勸慰者伊等蓋各有一己之目的也）俟學生回堂後一面再處理管理（此次雖不能歸咎管理然平日辦理不善其咎總不能辭況學生大肆攻訐（稟詞俱謾罵語實事絕少）入堂後彼此絕難以誠相見處無事）則學生浮囂氣可或稍除（學生此次之病雖係外感然外感既入即成內科）吾陝學界前途或可無他患乃十一日學使懸牌將二稟批出（其批詞甚嚴厲）十二日即撤庶務差招學生歸（派課員勸學生親教育會又協同中學堂師範學堂各監督勸慰磋商一日餘始定）又要求多款略謂(1)除學堂三害（監督庶務監學）(2)不應此次學期考(3)與伊等將搬途行李車錢作正開消(4)將伊等用轎抬回

(5)監督嗣後辦事學生認可乃有効力如一人不願不得斷行）十三晚學生軍凱旋監學告退監督亦辭差各管理均不安其位而學生等大肆咆哮橫行無忌（本堂之不贊成者嘸罵之外學堂不贊成者函罵之堂內一切規則皆破棄之不待言也此弟往高等所親覩者竊謂此非結善果乃種惡因也（現學堂成無政府時代每事管理均不敢置喙任學生爲之）異日受禍方深亦意中事（不能逆取順守得步脚多出無禮取鬧事）弟竊恐或出于此弟又甚望夫不出此也夫此次學生能結如斯團體何敢謂非吾陝士風之進化然竊怪所彼之問題甚無謂且又爲外界所利用也弟爲此排衆議之謬論非故意鄙棄高等同人也（其實弟之心欲間接的愛同人也）非爲管理訟寃也蓋統此事之始終察外界幾象鄙見蓋如斯又防之數老成練達人或少年有志者均以爲如斯豈隸奴根深乎抑何此次之意見既殊乎多數之人且事後尤固結莫解牢不可破乎不知高明以爲如何嗚是非不明由來久矣舉省若狂舉國若狂惓念前途何勝浩嘆惟此次衝突甚烈報界必有評論夫報界固素持淸議風俗人心所關係詎能剖折是非辨明黑白乎此事于吾陝風學有絕大關係兄關心桑梓當不恝然置之貴報訪員不知如何評論自由投稿者又不知如何報告弟立于旁觀地立竊不能已于言聊拉雜冗語冀博一覽　弟勳頓首

右記事二則。均關於此次學堂衝突之報告、而皆不同。記者欲審理度勢、確認一說。以爲必出於此。而斷他說爲誣爲謬。爲非是事之眞情狀。然去國千萬里。所得聞者止此二說。以此偏而不全。遺漏不盡之略說。而欲舍此取彼。定一是非。誠所不敢爲。

而某公以書告本社。又以其說爲必近理。且又載之滬上各新聞。附以譏嘲。遍布於國中。以求見信於通國之言論家矣。吾以一人之意。若雷同附和於某公之說。則於某公之說不加重。而於吾則爲盲從。且誠中心有不安。故不爲也。若遽辯某公之說。以爲其輕信人言。必不免於失實。甚或妄誣以中有所私。故出於此。則又屬憑空結想之談。不能以多數人之論議。與夫事實之無可逃者。證明其說之不誣。吾亦不敢爲。又況天下事固有出乎理與情之外。意度思索之所不能得。而爲事實之所誠有者。吾人安敢以某公之言爲遂失其實也。然而人具辨別心者也。與他種動物異。是事之聞於吾耳。與其報告之來於吾前。吾雖不能指一說以爲其事之眞情在是。斷無容疑。而又何嘗不可就吾所得聞者。假爲設辭以究其情。使吾之所聞者將非其事之情實。則吾之所論者止於所聞。與事實無傷也。即不然。而二說者或其一爲誠然之狀矣。而出於吾之所不及料。亦且弗敢斷言然。吾固即二說者均名之爲事實。持平以觀。而不必有所輕重於其間也。夫學生以學堂事請求於監督提學使。無論其事之當否。爲監督學使者。必審度其情。解釋其意。言可用用之。言不可用。明白而勸諭之。使之安於求學。不至橫決而不可收拾者。此監督學使之責也。今監督學使不詳其情似以爲學生與學校無關係不得妄言有所干預者堅拒之而不納或輕置之而不理於是學生情不上達終至於罷課退學亦有所不惜夫學生納交學費年數十金乃得入而求學既數年矣一旦去而不顧是必有其不得已者爲監督提學使者受人之託當代爲學生謀利益者也今漫不加察使之至於如此吾誠不能爲之諱及其既已退學秩序已非知其勢終不可以壓制息也始調停於其間而謀有以善其後爲提學使者固已非能自盡其責者也然吾察其情。亦非甚有惡於學生。而終調和於其間。常人之情。不能無過。吾亦非必欲入人以罪者。故謂其失在始初而其後之處置尚不大戾於人情也至於學生之舉動能全體一致以求達其所欲得而其所志亦且公而非私出於衆意而未嘗被脅於一二人斯誠善矣然吾究觀前之報告。則或謂其不出於全體。又非出於大多數。似爲他人所要脅。所利用。而遂服從者。又所請於提學使。而欲遂其最初之希望者。前之二報告所列舉。一則情有可原。可以見允。以達其所欲得者。一則所述率皆無禮。絕非學生之所應出者。

由前之一說。則學生自初至終無大善亦無大誤。尚不失爲學生之本分。由後之一說。則吾學生有梟張之實。而決非可輕易見宥於人者也。彼滬上諸新聞。列舉之而善用其譏笑者。吾誠不能代爲學生解釋也。若夫學生有要求。而遂至於能課退學以爭者。內地人士。固已視爲莫大之舉動。而謂之爲絕不可出者。即吾輩居此間。亦誠不數見有此等事。然他人教育發達秩序整然職在學務者有其材具處之悉得其理烏川學生之出而自爲今吾觀吾全國中小學堂無論矣至於學堂之階級略高者則辦事者非官則號稱大紳者也茫於學者十而八奉行故事者十之二苟且搪塞者又雜居其間其智識之得於學生比者（名爲學生而冀祿干進不守分不用功者不在此列）百不及十。學生之自爲之也亦固勢有不得已而非可概以爲無當也此次之舉出於挽留教員。固不得謂之無所爲。然張教員之必在可留與否。吾不得而悉。而後之報告者。則深有不滿意於該教員而以學生爲妄動者。然乎否乎。吾不能斷言矣。又所請求諸事。兩異其說。固不能決其何者爲眞。何者爲僞。而於干涉監督。使之不敢出於武斷者。則兩報告之所同。而吾於此不能已於言者也。夫監督而善學堂之所以得改革進步而收成學之效果者也。不善則腐敗隨之而於學堂有莫大之弊害。今學生不思所以得善監督者而顧欲事事干涉之。何其不憚勞而又不謀久遠之計之至於如此也。況事事得如學生之意以爲即可以無誤。則學堂可以無須乎監督而又何爲置此土木偶人爲也。然則謂學堂當得善監督以代學生謀可也。若曰置監督而事事必如學生之意以爲監督雖不善無傷也。則吾所不敢深信而不能不質之吾學生者也。然而事實之眞僞莫辨。斯議論之終竟莫得。吾內地父老子弟關心於學務而近得此事之始末者。必能道其是非述其詳悉。知前之二報告。或虛爲夸辭欲以掩學生之非舉。或逞一人之私見欲有所干進。故爲此說以破壞學生之名譽。又或二說俱非事實別有眞情。用特賜告。使身在千萬里外者知此事之究竟。不至執一偏之見以揆情實。則本社同人之所切望也。若云二說俱是論皆得當不稍存可否於其間。則所謂恝於一鄉之事與秦越人之視肥瘠同其比例。必爲天下之所非笑。又不然用其輕薄之辭以相揶揄而陰以濟其私。則人吾又之所太息痛恨而不忍明言者矣。吾願吾鄉志士仁人之一言以存公道於斯世也。

異哉陝西之巡警

眂秦

見卵而求時夜。見彈而求鴞炙。古人傳爲笑談。世竊有無卵而求時夜。無彈而求鴞炙者乎。有之。則吾陝之無巡警學生而辦巡警是已。西安辦巡警肇於乙巳。至丙午冬、始有巡警學堂三月卒業生之出現。此外府廳州縣奉行公文。其巡警皆於乙巳丙午間陸續設立。至丁未冬、始有渭南巡警學堂之首創。其他尚無聞焉。因之各處巡警。怪狀百出。有曳龍旗於衢口。以快隸皂役抵巡警者。有招乞丐而衣以巡警衣者。一旦革逐。則復赤體行乞。有以車店之打雜的。兼攝巡警事者。若巡警衣。伺候於行旅之前。不知者疑其有所究詰也。有以巡警而兼瓜果糖錫之買賣者。攜果筐糖盤於巡警房前。（牧令認眞辦警務者始有巡警房）而燃巡警燈焉。有以巡警而兼局紳之奚奴者。（其局紳尚非巡警局紳）掃除買辦。捧茶而提菸袋焉。右所舉。皆非省會事省會則有先我而言者）凡此皆不佞所確覩。其未親見而得傳述者。姑闕之。以册揭閱者之惱怒。然亦可想見矣。嗟乎、無卵求時夜。無彈求鴞炙。求之弗得已

時評

耳。今無巡警學生而辦巡警何耶。

往歲西安警察學堂頭班畢業學生。雖未受警察完全教育然執行職務頗稱嚴整自遭官場蹂躪後警察之好萌芽旋被牛羊牧之稍有人格者皆裹足而一班無賴之徒濫竽充數爲蠹民間甚而讎視學界同州府之巡警砍傷學生特昭然在人耳目者也夫警察以保人民秩序維持社會公安爲惟一之天職就吾目睹吾陝警察之怪現狀不過改其已往保甲巡役之名而仍行保甲巡役之實故名爲保人民秩序實則破壞人民秩序之麴蘖名爲維持社會公安實則擾亂社會之蟊賊其壞一時之政俗罪猶小也既以下流人爲巡警則人即以巡警爲下流人目刺腦印將令巡警永無成立之日辦巡警者之罪容有既耶噫今之所謂新政者沐猴而冠多類此也吾復何責

學海

甲乙兩編　每月發刊

兵戰不如商戰商戰不如學戰處今日鬭智之時代靡不巧拇周流精心冥造以求瀹淪智識震撼文明倘欲墨守陳遺封閉故步而犄角於二十世紀其不歸於劣敗者尠矣歐風東漸時局阽危海內同胞咸懷隱痛斷斷焉以攻究科學爲上策然新機乍啟苦迷津逮此揚子所謂熒魂曠枯糈令曠沈擿埴索塗冥行而已者也

本社有鑒於此以紹介世界學說發揚祖國新知爲宗旨發號同志共輯斯編槪曰學海分甲乙二冊文法政商隸於甲理工農醫隸於乙說理樸實選詞雅馴世之潛志科學留心世局者盍以先睹爲快也

每冊銀圓三角　全年三圓　半年一元六角

日本東京本鄉西須賀町九番地

北京大學留日學生編譯社啓

定期出版

!!! 學海之特色 !!!

本社所出學海綜其內容計有六種**一學說二叢譚**（皆係分科編譯唯篇幅有長短之分）**三附錄**（如小說詩文等類皆以編譯爲主）**四提要**（係就海內外新出書報擇尤提要）**五調查**（吾國年來派人來東調查一切然其所得皆未能公諸國民本報特設此門藉補其闕）**六紹介**（此係對日本商工業界及我國之與日本商工業界有關係者而言）雖每號不能備載然必載有三種以上是爲學海特色購閱諸君幸留意焉

東亞月報廣告

本報爲日本獨一無二之漢字雜誌其宗旨之廣大議論之精純卓乎流俗之上又兼博採列國與情遠溯古朝歷史以振聵啓聾洵東方之木鐸哉我華韓諸先輩苟欲通知當世之大勢眷念人道之不滅有仔肩振作東亞大局者誠不可不人手一册以資研究之料也

全年十二册定價日金二圓四十錢

半年六册定價日金一圓三十錢

日本東京牛込區中町二十番地

東亞月報編輯局謹啓

江西雜誌廣告

莊周有言。泉涸則魚相呴以沫。而相忘於江湖。故鳥之將死其鳴哀。心所謂危必以告本社同人。慨故鄉之不競傷來日之大難願同長吉之嘔心肝不避孫卿之譏口耳刺取所學。組一襍誌。顏曰江西。專以導引文明濬發民智鼓吹地方自治圖謀社會公益嗟夫、歐風東捲。國步艱危。江西處揚子江流域潮流震盪日益劇烈而日本朝報聲言欲括諸州權利南潯軌線延緩徒勞數載工程渺渺章門沉沉黑獄廬山黯其無色贛水咽而失聲於人曰浩然安得文山之氣問天其何意太息若士之詞言之不文惟以告哀邦人諸友其或有取於斯

江西雜誌社啓

國報廣告

本報以指導國民獨立提倡地方自治為主義數年來吾國所聚訟之政見一旦為根本之解決如土委地眞國民之箴言寶訓而救亡之金科玉律也神州無直言久矣放便發之淫辭造公正之輿論其在斯乎法理文辭文質彬彬現代政治界唯一之大雜誌也憂時之士其亦先睹為快乎第二號付梓不日出板如欲訂閱者祈逕函達本社或向雲南四川河南夏聲晉乘各雜誌社代購皆可

每月一回發行

全年十二冊二元半　年六冊一元一角

零售一冊二角

日本東京神田區仲猿樂町五番地

國報社啓

河南雜誌廣告

登嵩峯而四顧京漢鐵路攫於俄直貫乎吾豫腹心懷慶礦產攘於英早據夫吾豫吭背各國從旁垂涎而冀分杯羹者復聯絡而來集視線於中心點生命財產之源將盡於一網牛馬奴隸之辱誰鑒夫前車本社同人愁然心憂爰萃全力組成斯報月出一冊排脫依賴性質激發愛國天良作酣夢之警鐘為文明之導線對於本省勵自治自立之責對於各省盡相友相助之義第三號現已出版凡我同胞盍其來購

河南雜誌社啓

陝西礦產之硏究

(續第五號)

雲岩

(四)金　山海經曰、小華山西英山。其陽多赤金。又數歷之山。上多黃金。按數歷山在今隴州。又中山其陽多金。按申山在今延安府安塞縣。水經注曰麗戎之山。一名藍田。其陰多金。魏書食貨志云漢中舊有金戶千餘家。於漢水沙淘金年終總輸。後臨淮王彧爲梁州刺史奏罷之。唐書地理志曰、商州上洛郡。洛南有金。又金州漢陰郡漢陰月川水有金。又金州漢陰郡西城漢水有金。名醫別錄云金梁州都有生水沙中。作屑謂之生金。元和志云金州貢麩金。明一統志曰金出終南山。及西鄉金州。關中三山記亦謂終南多金。又大谷龍龕山出麩金。今在維南。見寰宇記。

按金之生產多係純金以能與化合之物甚少故也其結晶爲立方體及八面體二

種。多作合晶及晶孖等狀。亦有生成毛狀、絲狀、蘚狀、及樹枝狀者。更有作葉形塊形金屑金粒等者。金粒俗有豆瓣子金。（小如胡豆米）瓜子金。顆子金。（小如蝴頭）等名。

塊金大者、俗謂之鐸。小者、俗名、爲虎、歇子。（金厰中謂指爲虎言其大如指也）金之破口爲鈎狀。色由金黃至與黃銅同色。不等。蓋金中多與銀及銅鐵相雜。雜質愈多則其色愈減。故其比重亦不一律。多至一九。小至一二。金中內若含銀過百分之二十則其色愈淡而分量愈輕。西人名之曰 Elektrum 金。除王水（硝酸及鹽酸之合質）外、一切酸質皆不能溶化。化於王水內則成爲鹽化金。以他金類投其溶液之內則沈澱作暗褐色粉末

金之產狀有四種。(一)散見於結晶巖中。(二)產於丱鑛。常有火山石與之相伴。如閃綠岩黑花岡石等。(三)產於石英鑛內。無火山石迹。(四)混於沙內。

以上前三類產於山內。名曰山金。第四類名曰沙金。沙金者其源亦在山。特爲氣蝕水浸日損月崩。遂隨川流而下。冲積於平原。與沙相混也。

金之爲物質最軟而富於延展之性金箔可鎚至極薄令發綠光而透亮惟如此故金最適於製造飾物而其主要用途則在製造貨幣然徒金則過軟故必攙加以銀或銅以增其硬度（德國金幣內含金千分之九百銅千分之百）

金之取法沙金則用淘洗之術淘洗法製木槽底舖格物以沙金布其內用水激流過其上沙輕隨水流去金重留其內

山金取法以含金之岩石置臼內舂成粉末有二法以取之(一)置礦桶內合以水銀而力攪之則礦內之金混合水銀之內取出置鐵釜內蒸溜之則水銀化散而金留此法名曰汞混取金法(二)置礦末於鉀衰 Cyankalium 溶液內則金溶化其內乃以鋅屑投入金復分出

此外又有電氣分析法然不適於實用

按金之含於岩石內者吾華或名曰馬牙金向來取法舂爲細末而繼以淘洗所獲無多蓋取之不得其法者也

(五)銀　禹貢梁州厥貢璆鐵銀鏤山海經曰數歷之山下多銀（西山經）魏書食貨志延

昌三年有司奏長安驪山有銀鑛二石得銀七兩。其年秋桓州又上言白登山有銀鑛。八石得銀七兩。錫三百餘斤。其色潔白。有踰上品。詔並置銀官。常採鑄。關中三山記曰、終南多金。其他產金。有若雒南。（雒南唐家坡有銀礦魏坡北產礦（馬志））白花嶺利溝階峪寶山之陽俱產銀礦（本縣志）商州、（猪牙口南陽洞小叁銀廠溝蒲峪溝古峰寺琴池溝渭坡韓峪川松橋子南崖白溝砂石溝汪溝南牧護東牧護秦嶺蒲岔溝野猪坪柘茨林土門川廠地溝街坂溝石道峪狐洞蔣家陰黃柏岔山鴛川李家溝岔口舖東官道一眼俱產銀任慶雲冶論皇祐中中書備對鑛冶之數商州歲貢金三十九兩至熙寧元年詔天下坑冶不發而負歲課者蠲之四年以商州所產徽薄詔罷貢金（本州志））山陽、（山陽白雲洞出礦（西安府志））華州、（南山川麓立爐場以鍊銀砂（本州志））

按銀亦有天然產者然甚少多作毛髮狀條絲狀苔蘚狀或間生岩石中寶藏論謂銀有十七種天生芽出銀坑內石縫中狀如亂絲色紅者爲上入火紫白如草根者次之。銜黑石者最奇有龍牙龍鬚諸名銀之天然產者甚少故取銀必資他礦其著要者爲輝銀礦 Silberglanz 化學符號爲 Ag_2S 爲銀與硫黃之化合物多產出於結晶片岩或塊狀岩石中又或作小粒狀點染岩石中於石英脈或石灰岩中見之結晶爲等軸系堅度二比重七色鉛灰色以至黑色金類光澤寶藏論所謂生銀出石鉚成片塊大小不定狀如硬錫母或即此也

此外有濃紅銀礦 Dunkeles Rotgültigerz 色深紅而有金剛光澤或名銨閃銀礦 Antimonsilberlichtes Rotgültigerz 寶藏論所謂砂銀生五溪丹砂穴中色理赤光者或即此也淡紅銀礦 Lichtes Rotgültigerz 一曰砒硫銀礦 Arsensilberblende 其色略淡又鉛礦內黝銅礦亦常含銀可以採挾寶藏論所謂黑鉛銀得子母之氣者蓋即爲鉛內所含之銀也

銀之用途與金同銀幣內大概含銀千分之九百銅千分之百

通常銀內總不免含有硫磺硫銀相合則變黑色婦女簪珥之易成黑色者良以此故按本草綱目陳藏器曰今人用硫磺薰銀再宿瀉之則色黑工人用爲器養生以

器賫藥可辟惡。未知確否。

（未完）

石油工業之一斑（續第五號）

岩言

地層傾斜之緩急　同一油田。同一含油沙層而達於油界之井。時或有幾多之差異者。如第五圖(D)井。可貫通(A)(B)(C)三層油界。然第六圖之(E)(F)二井。深淺與(D)井相同。(E)井尚可通(A)(B)二層。而(F)

第五圖

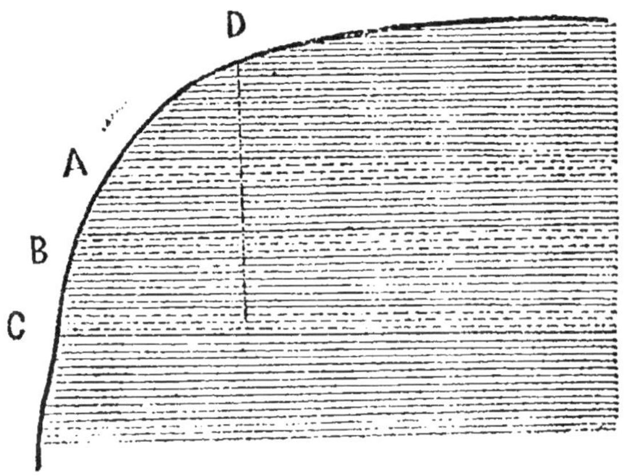

第六圖

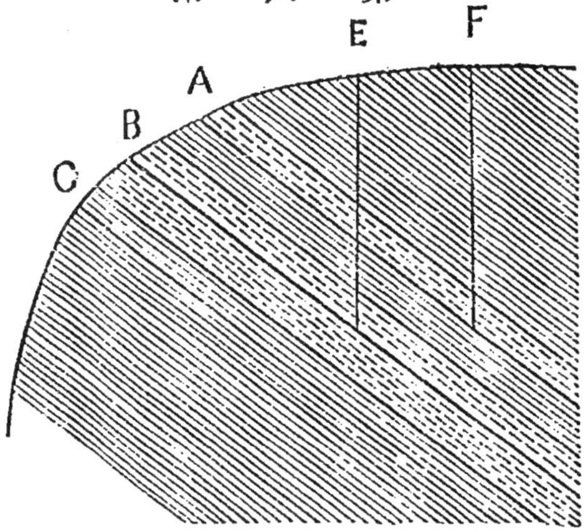

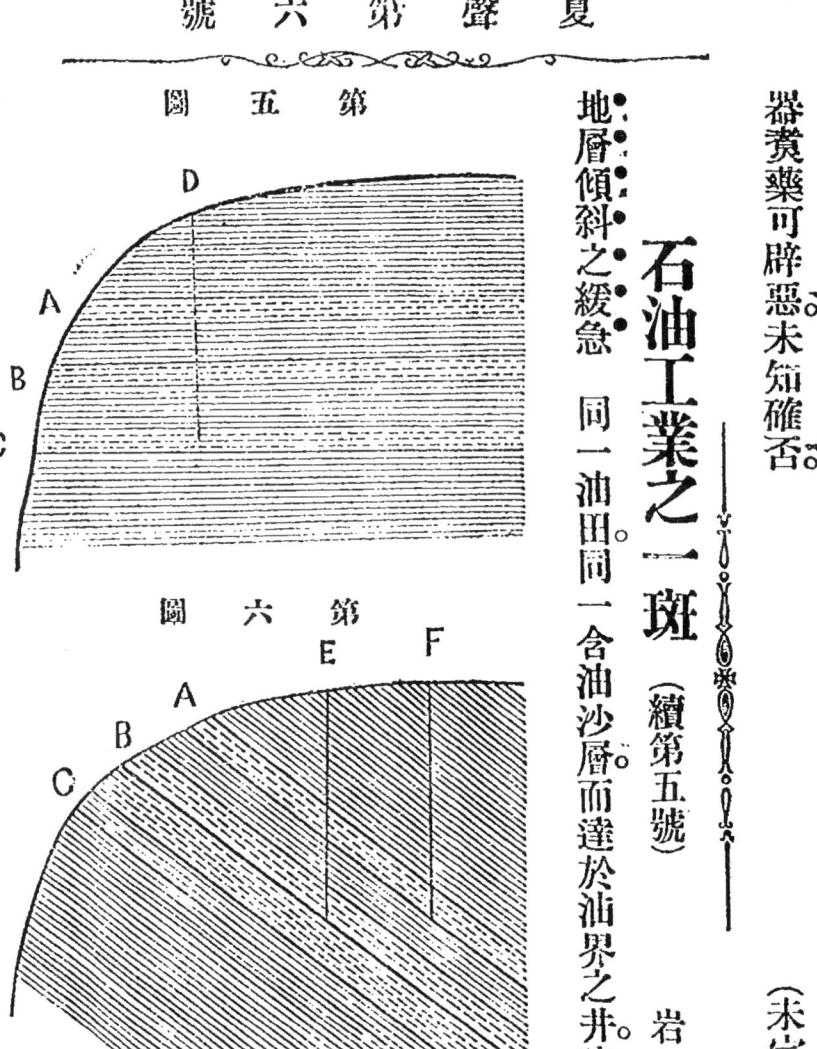

井則只達於(A)之一層而已。是乃地層傾斜之緩急與井戶位置之關係相地掘井

第七圖

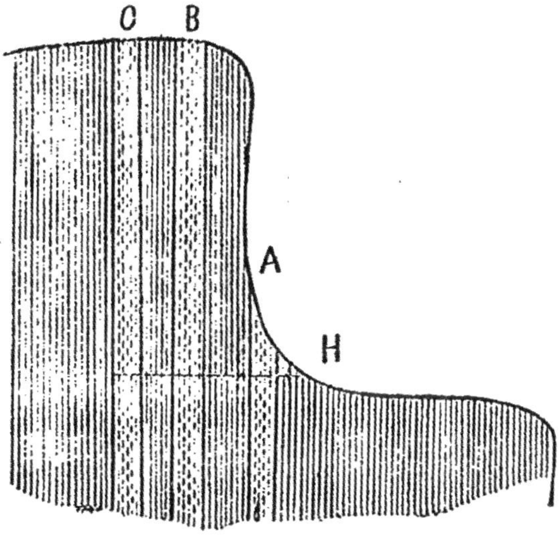

第八圖

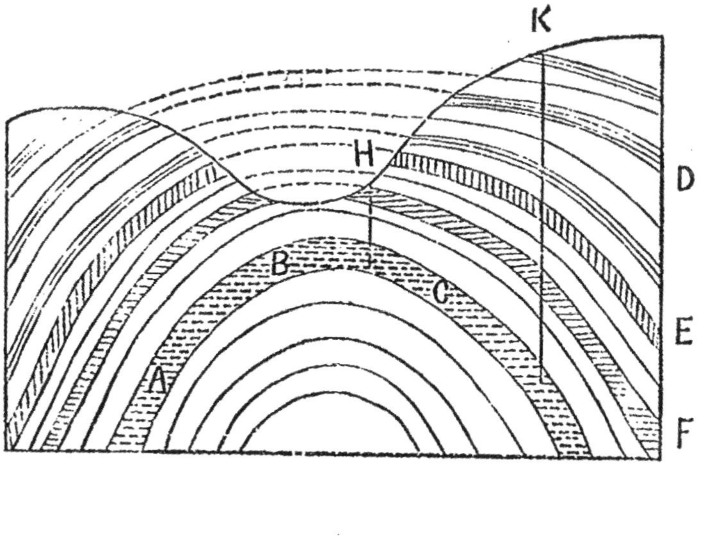

時更當深注意也。如遇此等之急傾斜層(Rapid inclined Strata)或直立層(Vertical Strata)(如第七圖)則宜做普通金屬礦採取法。掘一橫隧道。如(H)。即可通過(A)(B)(C)三層。然此特理論上之考案。非詳察地質之形勢。亦不便利用也。且如第八圖(A)(B)(C)爲(D)(E)(F)等盤層地質下之油層。於此地面所現出之部分。描一地層波狀線。與油層之波狀略相並行。則按此線掘井。其達於油界之難易。(如(H)(K))可預定也。雖然地質之構造有整合(Conformable)與不整合(Unconformable)之分。而礦脈之大小方向亦因之而變。故於最近距離之處。其地質不盡屬同一之構造。況油床之回轉屈曲。又安可執一以論耶。若相地時能詳爲探查。以得地質之眞相。然後從事探取。自爾事半功倍。愼毋冒然掘井。井深不獲油。反謂油田不良而遂棄井焉

坑中壓力之高下　油井及瓦斯井。若達於含有層。則石油與瓦斯。時有以非常之壓力而噴出者。雖井深者壓力亦高。然亦關乎油田之地質。如北美窩哈約州及印吉那州等處之油井。每一平方吋。(英一吋等於海關尺一寸又七〇九)有二百磅。(一磅約十二兩)乃至三百磅之壓力。濱士路瓦泥亞之瓦斯井。每一平方吋。有此二倍之壓力。(六百磅乃至八百磅)間有大至千磅者。又俄國之油田。壓力甚高。故多噴油井。北科咣砂斯地方枯羅斯

尼油田。有最有名之一井。於西曆一八九五年間。一日噴出油一百二十萬數多。(約一萬八千五百噸(一噸約中國一千六百八十斤))繼續三日間。忽因鑿井機破壞。其後噴油量漸次減少。此等高大之壓力。推其原因有三。

(1)油層上各地層之重量。

(2)由地面之落差浸入地中之水分之壓力。

(3)其水分漸次滯積於地層中。無發散之機。久之因壓搾的狀態。生瓦斯壓力。

按列斯里氏謂此第一說、無確據的理由。蓋謂地層中最脆弱之岩盤。亦可支持地層之壓力也。例如多林頓石灰岩中。最脆弱之部分。每平方呎。(一呎等於海關尺八寸又五一)尚可抵抗七百二十噸之壓力。而深一千呎以上之油井。其底層所受之壓力約八十噸。與抵力相差遠甚。若第二說、於竊哈約等處之油田。雖得實驗的證明。於濱士路瓦泥亞乃紐約州等處之油田。亦有不適合者。而第三說、則不論證之於何處之油田。皆可得信用也。

(二)石油之性質

天然存在之石油。其性質上之區別頗多。有粘力甚小而爲水狀者。有粘力稍強而爲油狀者。或濃厚過甚而爲半固體者。其色多褐色乃至黑色。間有無色或黃色者。比重率「〇·七七乃至一·〇六」。然通常之石油「〇·七三乃至〇·九七」者居多。其色淡者多透明。而比重率亦小。

石油之比重與色臭　西人列多德氏。曾集世界各地之新舊石油。而檢查其比重與色臭之關係。今揭其重要者。列表如左。

比重	色	臭氣等	產地
〇·七七七	稾黃色	強不快臭	波斯
〇·七八七	藁黃色	不快臭	伊大利(密蘭近傍)
〇·八一〇	赤褐色	—	濱士路瓦泥亞州
〇·八一八	赤褐色	少不快臭。	緬甸

〇·八二八	褐色	無臭	新吉蘭
〇·八二九	琥珀色	快臭	印度
〇·八三五	暗褐色	少不快臭	亞拉曉唔
〇·八三六	暗赤褐色	少快臭	俄國
〇·八四三	暗褐色	少快臭	哈奴吧
〇·八五二	暗赤褐色	無臭	南美
〇·八六五	暗褐色	辛苦臭	加拿大
〇·八六六	暗褐色	少快臭	緬甸(密唔備唔)
〇·八八八	栗褐色	少快臭	緬甸(西吧拉額)
〇·九〇〇	暗褐色	無臭　稍粘質	南美
〇·九一〇	黑色	不快臭	瓦伊窩密唔
〇·九一三	褐黑色	不快臭	哈奴吧(阿羅哈伊母)
〇·九三三	暗褐色	少不快臭　粘質	印度
〇·九三五	深暗褐色	粘質	印度
〇·九四二	褐黑色	無臭　粘質	俄國
〇·九四五	黑色	不快臭	瓦伊窩密唔
〇·九五七	黑色	—	中央亞美利加

同地方所出之油質。不盡相同。故其比重亦異。如加拿大之油。其最低比重爲「〇·七四八四」。最高比重爲「〇·八七五〇」。濱士路瓦泥亞之油。其最低比重爲「〇·七。五七」。最高比重爲「〇·八七五」。且同地方相接近之井。其產油之比重。亦有大相異者。例如哈奴吧之油。於距離六十六尺之處。同深之二井。其出油之比重。一爲「〇·

八八二」爲「〇·九〇五」。又同一油井。其露出部之油。較深處之油比重大而其質多劣。如濱士路瓦泥亞之油田。有三層含油砂層。第一層至第三層之距離。約二百五十尺。而層漸深者其油之比重亦漸小。第一層油質之比重爲「〇·八七五〇乃至〇·八四八四」。第二層油質之比重爲「〇·八二三五」。第三層油質之比重爲「〇·八〇〇乃至〇·七七七七」。此實驗與日本之油田相同。蓋下層之油常輕於上層之油也。雖然、若謂比重小者燈油之成分量多。比重大者石蠟之含量大。則又有不盡然者。

石油之粘力　石油之粘力大抵因其比重之高度而增加之。然同一比重。而其產地不同者。其粘力亦異。美之原油與俄之原油。其成分之差異甚著。故粘力亦不同。據列多德氏之實驗。其結果如左。(用氏之粘力計五十立方糎（每糎約中國海關尺〇·〇三二五尺）供試油滴下時間之秒數以表之)

		華氏五十度	華氏百度	華氏百五十度
美油	比重 〇·九一三	四二五	一一一	五二
	比重 〇·八八五	一四五	五四	三七·五

俄油（比重〇.九一五）	二五二〇	一四四〇	一一五
（比重〇.八八四）	—	一〇一五	二五〇

石油之粘力與鐵管流通（其說詳於後章石油運送法）等之摩擦雖無直接之關係然亦間接上所當注意之事實也且其粘力之性質隨溫度之上昇而低減更對於石油流通上當重加研究者如美國加州產之原油（波靈比重計十四度乃至十六度）華氏溫度、一一〇度時之粘力較同六〇度時之粘力下降八分之一。所以因氣候時溫之差而鐵管內之流通遂分難易者此其一理由也茲就日本產之原油其試驗成績畧揭如左。

產地	比重	攝氏五度秒	十五度秒	三十度秒
越後新津原油（小口產）	一七.三	三八〇〇	二〇〇七	六四五
仝（朝日產）	一七.五	六五六〇	二六〇三	八四〇
仝（高谷產）	二〇.五	一四八六	六八三	二七〇
仝（鹽谷產）	二二.〇	六四三	三五五	一四七
仝（金津產）	一八.〇	二五九七	一〇四三	三四〇
仝　東山原油	二九.一	七三	八五	—

石油之膨脹率　凡物體由溫度上昇而增加其容積者謂之爲膨脹率達布里晤麻科尼晼穪及達布里晤窩枯羅布林兩氏、曾集各地之石油而測定之雖各種油

質。不得概以同一之膨脹率。而適於其油之比重爲反比例。其成績如左。

(華氏十五度時之比重)	(攝氏一度時之膨脹率)
○·七○○以下	○·○○○九○
○·七○○乃至○·七五○	○·○○○八五
○·七五○乃至○·八○○	○·○○○八○
○·八○○乃至○·八一五	○·○○○七○
○·八一五以上	○·○○○六五

石油乃最易揮發之物。若曝露於空氣間。則漸次失其輕質。前謂石油之露出部。恆多濃厚而幷漸深者。比重漸小。即此故也。據那唔拉其爾氏之試驗。比重○·八○○之額里夏石油盛於瓷皿中。覆之以蓋。置於平温間。一週後即成比重○·八九五之濃油。又含有揮發分九·三%（百分率之符號）之石油。注入榭製樽內。而密閉其口數日後。其揮發分減少至○五%云。按日本產之原油及燈油。初試驗時。其蒸發減量甚大。及達於或度數後。則減量頗少。而以蒸發減百分率計之。其無蓋容器中之油。恆大於有蓋容器中之油也。

（未完）

植物概言

不膝

登高一望。見夫鬱鬱蒼蒼。燦爛繽紛。形色大小。千態萬狀。無數之植物。盈人眼際。誠哉美觀也。然但悅目而無研究。則如走馬看花。莫能識其眞趣。精餐美酒。錦繡綺羅夏屋高閣。無一非植物之力。是人之於植物。如非水火不能生活。不加以研究。杳然不知其爲何物。豈可乎。又斯學不講。遂至認樹枝狀之動物(珊瑚海綿)爲植物。認自在游泳於水中之植物(綠藻)爲動物。豈不貽笑他人哉。甚至誤食毒物。前者斃而後者繼。禍害滋多。或人食蕈逼體發腫謂必因有毒動物觸此物或潛處於其根而不知乃大毒蕈也其他同一形狀名目之植物而性有大異者尙多 且也吾國以農立國。植物實爲富國之源。故外人挾技藝以吸我膏血。我向賴物產以稍挽回利源。使植物不豐。而吾早已殭矣。今欲振興農工。以求富國。植物之研究。又烏可緩耶。昔神農氏嘗百草以利民生。爲後世藥學之鼻祖。然實爲研究斯學之始。雖植物學史上以希臘時代之亞爾斯多倫代斯(希臘人)爲從事斯學之始。然比我神農瞠乎後矣。特以繼續無人。遂令斯學數千年來。幽而不彰。迨至明代。李時珍著本草。

而斯學僅一發見宛如灰燼之餘忽迸一星之火以後遂寂滅矣於是斯學專讓西人以獨步而我亦遂完成今人不如古人之說夫學猶殖也不殖將落吾國之學不殖久矣植物特其一端也今者強鄰逼我咸欲剖而食之論者僉歸咎於智識之缺乏於是設學校興科學而植物學遂爲普通不可少之學科因此斯書之繙譯著述亦日見增多然偏僻之地能見斯書者實難且未入學堂之人終不得有斯智識予心憾焉用是取二三種書擇其長者參錯而譯之登諸報端邀公衆之惠覽且以作教育之一助耳

總論

生物界及無生物界

生息於地球表面。無山川海陸之別。凡百動植物。及種種之鑛物岩石之動植物。（此等皆屬下等動植物肉眼弗能見由地層之變遷漸進爲高等動植物）共成生活體故云此爲生物。又總稱動植物全界爲生物界。鑛物反之。爲無生活物。故名無生物。又名鑛物界爲無生物界

植物與動物之區別

植物與動物。一見易別。然此但爲高等者。如牛馬與松竹。不待智者而後辨。至於劣等者。形狀相酷似。孰爲動物。孰爲植物。甚難識別。如珊瑚海綿之動物。綠蟲之植物是也。然通常區別之標準。有三例。

一食物之差異　植物爲無機質。不能攝取固體之食餌。動物爲有機質能之。（然食蟲植物及寄生植物亦攝取有機質之食物）

二運動力之有無　動物有感覺能自在運動。植物無此力。（然合歡木「俗云絨仙花」葉牽之牛花之莖葵之花皆能運動又珊瑚海綿著於一處而不運動）

三細胞膜之化學的差異。植物之細胞膜。由塞爾洛斯成。動物之細胞膜。無之。又幾董者。動物獨有之質也。（然存於軟體動物之究尼新質與塞爾洛斯同一性質）

植物界者。不但具枝葉根之高等植物。即如蘚苔、地衣、水藻、蕈茸、黴菌等之形態模糊隱微。以至一滴之水。一粒之冷飯。一杯之空氣。有數百萬之細菌。非假高度顯微鏡。終不能見。要皆能生殖繁育。故均屬植物界。距今凡百四十年前。當時學者。調查世界植物之總數。僅不過一萬種許。以後學術進步。與學者日多。而植物之發見。遂大增加。據最近調查。全世界植物之總數。達十七萬五千種以上。是等種類。分布繁殖於地球各處。以成植物界。

植物學　者。為就植物汎研究之學科。然因植物界之廣漠。研究此學。須區分植物為種種條目。以便專攻。即就其外部形狀上論者。為植物外部形態學。就其內部細微之組織構成論者。為植物內部形態學（即解剖學）又論此二部之作用機能者。為植物生理學由互相異同處。分別植物之種類者。為植物分類學論植物布播於地球上各處之狀態者。為植物分布學研究古代植物之蕃殖者。為化石植物學。以上皆為純正植物學。又就有用植物而研究者。為應用植物學即農業植物學。山林植物學。水產植物學。藥用植物學。工業植物學。園藝植物學是也。

植物界之二大別　如前述植物界雖廣。然可區為二部。第一。著花者。為顯花植物如桃、麥、百合、等是。第二。不著花者。為隱花植物如蕨、木賊、地衣、水藻、菌、茸、之類。是也。前者根莖葉顯著。故又云高等植物。後者反之。故云下等植物。而有花者。

以種子繁殖。無花者。以胞子繁殖也。

第一篇　植物外部形態學

第一章　植物體之部分

機官　取一株植物而檢之。體之下部有根。上部有莖。莖之分岐者爲枝。莖與枝著數多之葉。上部生花。由花結實。內藏種子。如此植物體有根莖枝葉花實種子各部。而成完全體格。得爲高等植物。根、莖、枝、葉司植物之發達。故云發育機官。花、實、種子。有蕃殖植物之能。故云生殖機官。

生殖器官

第二章　花

第一節　花之部分

花被及花蕊　花由四部分而成。各環列同一中心而爲輪狀外二輪爲萼及花冠。總稱花被。萼居外部。概呈綠色。花冠居萼之內面。常有美麗之形色。花中最著之部分也。內二輪爲雄蕊與雌蕊。雄蕊直立於花冠之內面。雌蕊占花心。雄雌兩蕊。爲花之緊要機官。總稱花蕊。萼之一片。云萼片。花冠之一片。云花瓣。

花部之不全備者

如右。花具四部分爲常。然間有缺一部或數部者。二花被中若缺其一。則云單被花。（桑蕎麥藜）若二者俱缺時。云裸花。（半夏生又名三白草）雌雄兩蕊俱備者。爲兩性花。缺其一者。爲單性花（例石榴）更區別單性花之雌雄。爲雄花雌花雌雄花。有共在一株者。（榫石榴）云雌雄同株。有不在一株者。（松椿）云雌雄異株。又間有兩性花。及雌花雄花同在一株者。云雜性花。（柹）

花部配列之形狀

花之各部之形狀。相互之配置。及其數。概爲整齊。如亞麻之花。萼、花瓣及雌雄蕊皆以五數成。而各部之位置。互居於隣接之部分之中間。即花瓣位於二萼片之間。又雄蕊立於兩瓣之間。特景天花各部之形狀大小。雖整齊。然雄蕊成五之倍數。此類概稱爲模式花。

以下列記花之各部分

（第一）花被

萼 爲花蕾之外被。使花免受風雨雪霜之害。通常爲綠色。一輪或數輪駢列。形質頗似葉。然紫陽花之萼。漸成碧色。美勝於花。一望而誤認爲花者。百合菖蒲等之萼。與花同樣。難於識別。似牽牛花之酸漿花。其萼漸包圍果實。成鮮紅色。石榴之萼。呈紅色。爲果皮。此皆特例。萼之形狀。概爲管狀。（瞿麥）盤狀、漏斗狀、（即貫酒者所用之酒溜盃狀、鐘狀、壺狀（節黑）等。更有脣狀、距狀、帽狀等之不規則者。其萼片分離者。爲離萼。（例梅）連合者爲合萼。（例瞿麥）

管狀萼
瞿麥

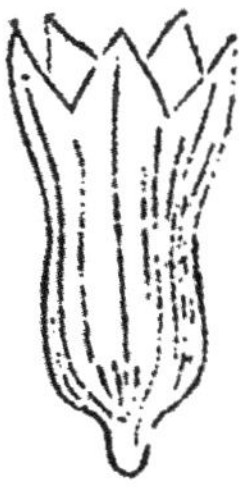

壺狀萼
節黑

脣形萼
續斷續

萼之位置 萼著生於花托時。其位置在子房之下。故云下位萼。（甲圖）（例梅）附著於子房之側。如由側生者。云上位萼。（乙圖）（例梨）在前二者之中間。云

周位蕚。(丙圖)(例馬齒莧)

蕚之變態

蕚有變形質爲毛茸狀者。如蒲公英、薊等之種子。戴毛茸而飛是即蕚之變化也。因其位置而有冠毛之名。

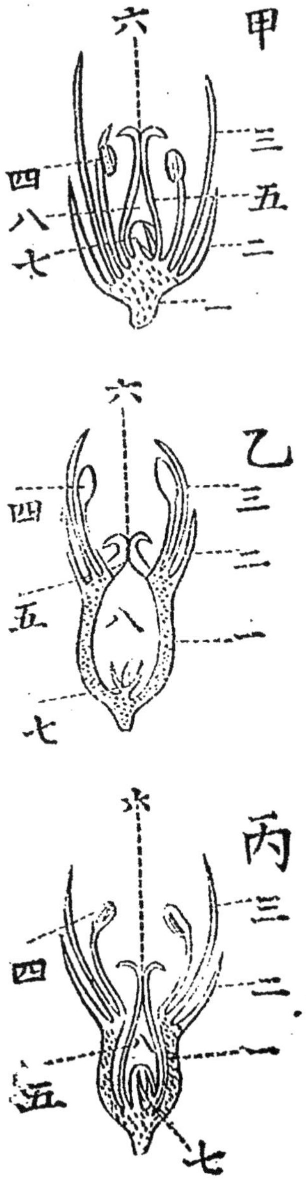

甲　一花托　二蕚　三瓣　四雄蕊　五雄蕊　六柱頭　七胚珠　八子房

乙　說明次序全上

丙　說明次序全上

花冠之形狀

花冠位於蕚之內部。有一輪與數輪者。質柔軟而薄且滑。色有種種。概呈美麗色。花片全分裂者。云離瓣(例桃李)否則爲合瓣(柿瓜類)形狀。常爲盆狀、或杯狀。如桃薔薇是。然如萊菔、蕓薹、四瓣相對。成十字形。云十字花冠又如牽牛花爲漏斗狀。風鈴草爲鐘狀。迎春花爲高冠狀。形雖不一。要皆爲整齊花冠。豌豆類之花。由五瓣成。其中一大瓣。包圍他瓣者。云旗瓣。一雙立於前兩邊者。云翼瓣。內一雙相合。圍繞雄蕊者。云龍骨瓣。其全形恰似蝶羽。故云蝶形花冠。續斷、紫蘇等之花冠。上下成二裂。宛若兩脣。云脣形花冠。又菊蒲公英等(此等皆以一花托著無數之花冠)射出於周圍之各小花花冠。下部雖爲管狀。上部缺裂。成舌狀。故云舌狀花冠。他若金魚草之假面花冠及蘭類之花。無非肖昆蟲、蜘蛛、鳥等之形狀。此類皆屬不整齊花冠。

續斷

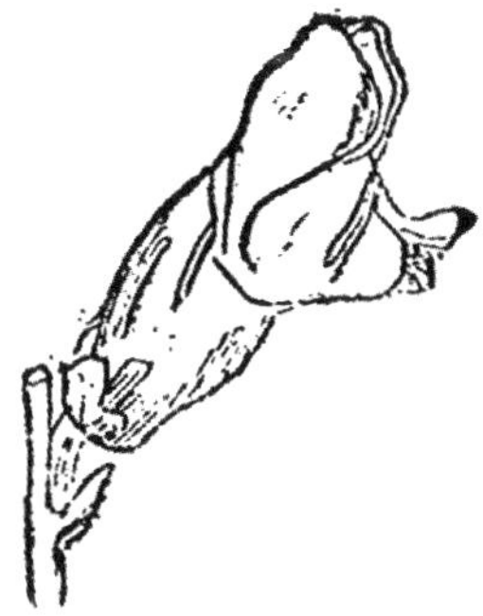
金魚草

花冠之位置　花冠之著生。亦與萼同。有上位下位周位之別。皆對於子房而言。即花冠著生於花托時。其位置在子房下。（前甲圖）故云下位花冠由子房頂邊出時。（前乙圖）（例瓜類）云上位花冠附著於萼之內面而立於子房周邊時。（例石榴）云周位花冠。

文藝

登狼山記 (乙巳)

俠民

聳立江干橫撼中流爲淮南五山之巨者狼山也去歲至滬時推船窗遠望訝其高而惜不得一臨今春寄學南通州師範適校址與山遙對排闥送青爽氣入襟蓋眼籠離日不與此山相遠映也詢諸同學知去通僅十五里遙而山之名勝往往數千里外駛船來遊者踵相繼六月朔暑假休學近者皆歸與余同留者惟婺源諸君相約登臨皆有往志遂於朔三日結伴六人乘小車張蓋同往比至山下日尙晨山之位置面南而背北登之者由東漸西拾級而上山下有唐駱賓王墓山門有匾額大書狼山二字入門則金佛三座高丈許西旁又有幾多佛像由此殿後出稍東則一僧院匾其名爲三元殿也知童開門老僧歡迎既履其庭奇花異草清雅絕俗滌汗啜茗留坐頃刻庭後石級突起余等振衣陟登有小僧前導直上至一閣兩壁懸有

羅漢像十六幅像皆光怪陸離發人遠思從此下復至庭少坐乃辭僧出所來之門欲窮躡山巔也僧約從山下復來納涼此由此西向走數十步有山腰閣更西北上至山頂一山門門甚大兩旁陳列寶品果屬少憩進此門門內金碧輝煌佛像森嚴鐘聲送響煙火迷目都人士女遠來拈香者絡繹佛殿前一塔聳立孤高五層余等直上其巔天風浩浩遠水茫茫江環三面野帆如鳥新秧揷田綺綉成紛美哉中國之山河占於天然者抑何富也高瞻遠矚襟懷爲之一振指顧東吳翹足西楚慨然徒吊古之豪傑西望秦關渺茫煙樹而已從此下如約至僧處日方午少息蔬飯清酒雜然前陳既飽之後須臾僧捧棋盤進梧桐院落消此長日亦忘其爲盛暑也正酣戰間忽小僧獻以枇杷味濃似蔗喉腸藉潤日既夕始返一路蟬聲十里菰蒲涼風送爽清氣撲人至校天尚未晚蓋余自庚子賓讀某君家夏日無事長消棋局去今已五載矣江浦飄零所志不遂光陰似水更復堪憐由今思昔能無悲哉是爲記。

冒險小說

萍雪緣

子羽譯述

第三回　蠻驢鳳泊異國寄微軀　雪地冰天俠心全友誼

話說那火把直向萍生處奔來。萍生心慌、口中道。今番眞個休也。忽然轉箇念頭道。膿包怎的。便死也須同他拚一拚。能除却幾箇惡物。也勝似白死。想猶未了。那羣人已至屋前。喊一聲。打破雙扉。一擁而入。萍生忙中也不暇細看究竟來了多少蠻人。只將背倚近牆角。雙手持定那帶刃獵銃。準備迎敵。那羣人逼近前時。只見一箇老者叫道。倆們休得鳥亂。那不是萍兒麼。萍生聞聲。定睛一看。那老者不是別人。却正是他義父。列位。倆道。茶利斯因何知萍生在此。便一直的尋來呢。原來那茶利斯因萍生不歸。懸念非常。約同村人一路追索。遙見這邊火光飛舞。疑是土蠻趁夜傷人。故急奔而來。不料却覓着萍生。萍生喜出意外。又深愧累老人深夜奔波。自然有一番謝罪。那茶利斯自然有一番問訊。萍生自然有一番道達。村人自然有一番安慰。萍生又自然要謝村人。鳥亂一陣。自然是相將歸去。這且按下不題。却說那雪鴻也與泙生一樣。並不是美國人。他現在雖寄養貧賤之家。以福蘭克爲父。然考其家世。却非貧賤出身。性質高潔。敏斷異常。雖未長成。已是丰姿絕世。在下本將他那美處多形容上幾句。却又無從說起。便照抄一篇神女賦。也終有些欠妥。倒是艷如桃李。冷若冰霜。八箇字的陳語。還覺得恰當些。並且睛髮俱黑。人多疑其爲西班牙種。不知他却系屬支那。若問他既係中國人。却怎生會自幼便流落到美國。且待我一一敘來。話說當時中國閉關既久。迷夢難醒。一切政策。往往失宜。列位想無不知者。當同治初年。端華亂時。有一人姓鄭名俊武。官爲翰林庶吉士。忠誠愛國。憂外侮之迫。憤國是之非。慷慨上言。大意請改官制。革秕政。定國是。除科舉。云々。疏上。那一般當道大老。惡鄭之不利於己。群起排斥。遂坐鄭以辯言亂政。蠱惑聖聽。褫職拏問。鄭疏中又指參着當道數人。其人恨極。多方羅織。誣鄭與端華同謀。坐大逆不道棄市。鄭父母俱亡。僅有一弟。與俊武同在翰林。亦以株連論死。一時風聲傳播。謂且將夷族。鄭妻李芳蘭。原是大家閨秀。才貌雙絕。學養素優。年方二十有三。僅生一女。年剛五歲。與鄭俊武伉儷甚篤。當時凶耗傳到鄭家。那李芳蘭痛不欲生。把俊武收殮了。便絕粒數日。親友等知其必殉。然大家都畏禍。誰也不肯上門。家中奴僕俱逃。僅賸下一蠢婢相守。列位鄭家旣成這般景況。那李芳蘭又堅貞果斷。旣萌必殉之心。決無生存之理。然而天下事變幻無常單就理想上推測是不能作準的那李氏死志雖決那知竟有個人牽掣的他死不成功。那人是誰。是他的那五歲幼女。便是這中所說的雪鴻了。那雪鴻雖僅五歲。然已解事。他見他母親睡在床上。數日不食不語的。他便守在旁邊。笑一陣說一陣又取些菓子麼着叫李氏吃見李氏不理便又哭一陣又攢住兩隻小拳頭搥着床咬牙切齒的恨道除我死了便罷我要不死這夥賊一箇々都要死在我跟前我纔不恨呢說完又哭一陣正哭着又挨在李氏身上取些菓子喂在口邊央告着叫只吃一口。李氏看了這般光景又是傷心又是心疼。那念死的根子。便搖動了想道。我死固然不値甚麼但我死了時這女兒必無生理了固然父母都愛子女然這女兒還不但是覺得可愛而已若僅是可愛時則我或自裁而死或從國法而死連生命都要斷絕這愛情還有甚麼斷不了的可是俗語說的好能結好菓子的樹木從花兒上就能看出來這孩子的模樣性格聰明志氣就中等以上六七歲的小孩子也是萬萬不能及他只他那從來不知道甚麼叫做害怕的勇氣便有髯的丈夫聽了也要舌撟不下呢這般想頭或者由我偏愛之故過於高視了他也未可知然而就照他這般樣子再加些教育到長成了的時候外國我不敢說在我們國裏只怕要算是釵裙中有一無二的了這般奇女兒若看着他從此就了結實是有所不忍況有他在亡夫一脈尚可少延此女亡則鄭氏從此絕矣李氏心中的死念與他的這種念頭交戰了許久到底是這念頭據了勝着便將死念擱起決意撫成此女心志既定便乘夜潛出北京。由間道至天津。於路風聞追捕鄭氏家屬甚急。道路之間。屯艱萬狀。鄭在時固與某教士相好。那教士是美國人。適美人福蘭克亦在天津。將歸其國。教士囑其護持李氏母女至美。暫行避禍。福蘭克心敬李氏的爲人。禮貌甚周。既到美洲。遂暫居福蘭克家。福蘭克家甚貧惟有老妻與一子。別無家屬。與李氏同住了月餘。夫妻愈加敬禮。李氏亦遂安之。以兒禮事福蘭克。而視其子如子。福夫婦心愛雪鴻。屢於李氏前贊歎不置。李氏笑道。兒這等愛他。就把他給兒做了女兒何如福夫妻大喜反疑李氏是戲言。李氏即呼雪鴻令禮福夫婦。並令其以父呼福蘭克。而毋呼其妻。雪鴻如言。福蘭克夫妻不覺大喜。再三向李氏致謝。抱雪鴻於膝、笑道。得汝爲吾女。雖死可無憾。今日此樂。眞夢想不到。說畢大笑。自此李氏與福蘭克妻亦愈相得。福蘭克與李氏相商。令雪鴻與其子同入小學讀書。雪鴻下學回來。便在福蘭克夫婦前承歡。晚間仍歸李氏房中睡覺。如此一年多。福蘭克妻忽染惡疾、暴亡。李氏遂代撫其子。不覺又過一年。有一天李氏正在房中坐着。忽聽門外人呼聲。出外看時。只見却是隆一的朋友名源吉的背上負着一人。一蹻一跛的走進來。李氏見背上那人正是隆一。不覺心慌。忙問怎的了。源吉將隆一放置床上。便向李氏行禮。告知源由。李氏始知係被人打傷。當時謝了源吉。源吉辭去。李氏將隆一傷處暫爲裹扎。安置睡好。便回到房中來。忽見雪鴻進來問道。母親我哥哥現在怎樣了。李氏答道。還不大好。現在正睡著了。總得尋個醫生來纔好。但是家裡再沒有人。眞是難事。雪鴻道。隆一哥到底是因甚事被人打成這様子。剛纔源吉送回家時。我膽子都幾乎嚇破呢。這夥人眞是可惡。他母親道。那也不能單怪別人。儞隆一哥的生性。儞難道還不知道嗎。今天這事。安知不怪他自己呢。凡事不將兩邊的緣故都知道。決不可胡亂罵人。據我想來今天他同源吉出去玩耍。那大些的孩子們群集一處。欺負源吉將別人打了。大家不服。便一齊來踢打他。他敵不過人家。自己閃了一跤。將腿挫傷。大家見他受傷。便一轟散了。所以源吉背他回來。我想他那不要是折傷骨頭纔好。不然何至痛成那樣。儞義父又不在家。怎生是好。李氏說的時候。雪鴻呆呆的聽著李氏說畢。他忽然接著說道。那浦田醫生的住處。我知道。我去尋他去罷。李氏驚道。嗳少胡說罷。路又暗。又下著這樣大的雪。儞如何能黑摸著過山呢。儞安寧著等儞義父回來再說。好多著呢。好孩子。儞好好的在這裡看著火。不要叫熄。我去看儞隆一哥去。李氏說畢。自向隆一房中去了。雪鴻見他母親去了。獨自坐在爐側。心中想道。隆一哥這時節不知疼的怎樣了。這是不可耽擱的事。若醫治遲了。落個殘疾怎了。這般一想。越發一刻都坐不住。心中盤算道。母親不叫我去。我不如偷著去到好。想著。開窗一看。只見雪雖未住。天却不大黑。不覺喜道。好啊。天又不黑。我又知道路。擔擱作甚。去來去來。不過三哩來遠近。怕些甚麼。他心中既決。便去著上外套。戴上帽子。剛要出去。忽又躊躇道。且住。若被母親見了便又去不成呢這却怎好一時想不出法子來急得他在房中亂轉走來走去忽一眼看見他的教科書同石盤猛然得計喜道。有了有了把這個琴上出去母親問時就說今天功課有未能明白處去尋先生問去母親一定不攔我的。了想算妥當琴了書盤開了門。跳將出去。室外異常寒冷。然雪已住了。他便大著膽從隆一住房窗前走過只見他母親果然從窗中向外望著他故意舉起書同石盤使他母看見且向著先生住處走去他母親見了果然不問他走遠幾步猛然換了方向。向黑闇中行去。此時天已比前黑暗。滿地積雪十分難走而且何處通路何處危險都不能知道這般路便壯年男子走去也甚擔心何況七齡幼女這樣沒路的去處他有甚麼法子呢然而那雪鴻熱心壯氣膽大於身他恨不得叫隆一的病片刻就好沒被母親阻擋竟走了出來已是滿心歡喜一意想著早把浦叫了歸家去治隆一的病心裡著急低著頭只顧走那知心裡越急腳越慢了傾跌數次。好容易纔到浦田家。雪鴻到了此時心中一縷忽然覺著身上寒冷霎時竟抖將起來他耐著凍向門內窺時。見裡面燈火都無。心中不禁咤異。便用力將門叩了數下果然無人答應。

又叩了數下。仍無聲響。可知不但浦田不在。而且家內無人。當時雪鴻驟然失望。急得險些哭將起來。雖然如此。雪鴻究竟是箇非常女郎。他轉念一想。自言自語的道。哼。我癡麼。哭會子中甚麼用。已經到此。難道便算了不成。且猜猜他去的方向。尋他去來。心中雖如此想。無奈足已無力。沒奈何。只得勉强向歸途抬步走去。一面心中忖度浦田的去處。此時偏不湊巧。雪又大將起來。寒氣較前越甚。雪鴻手中猶抱著書籍石盤。冷風吹著雪片。沙沙沙的一陣陣向面上撲來。他被酷寒所襲。接連跌了數次。行步速力亦次第漸減。後來四肢便有些不能自主起來。書籍石盤。早從手中落下。他竟全不覺得。不一刻便昏沈欲睡。最後遂倒在雪地上。竟是人事不省了。若問究竟。且待下回。

理想小說 寶窟（續第五號）

衍初

此後月餘。不與烈格晤。一日其僕久必脫忽來查里斯敎府訪余。形容枯槁。舉止張皇。見之驚甚。疑非吾友有所不測乎。因詢之曰。「久必脫何促急乃爾。主人公無恙耶。」

久必脫聞余言心若甚戚者曰、「君與吾主親若骨肉豈敢隱瞞吾主邇來實大失常度每每……」言未已遽止。

「大失常度……非患病乎」

「患病與否老奴未敢妄言總之甚非和善也」

「是何言。然則並病亦不汝知……其寢牀乎。」

「否、非但不牀居。且不少坐。彼物不佳。老奴與吾主均甚有憂也」

「噫、怪哉。是又何言。余實不解。主人公不適果何爲之祟彼物者又何所指而言。朦朧有如斯者。曷善爲余述之。」

「前數日間吾主以思索彼事終日獨步庭中默無一語且常以筆作字若計算然」

「作字乎。書於何處。」

「曰石版。然字跡模糊不易辨識觀之大致類蝌蚪余雖不解其意然以好奇故輒往窺之致屢招彼厭一日竟乘隙逸去莫知所之余獨居無聊苦悶益甚因就園中覓得一棒。意待其歸。將以此相饗。用洩吾忿。旣而思之。又何恧」

余笑曰。「誠然誠然。何無情至此。願爲君忍之。但汝所言主人不適。就其行狀而察之乎。抑別有他故存焉。」

「曰無他其故恐即由於君與彼前此之一唔。」

「余詫之詢其故」

「曰君豈已忘卻玉虫事耶。」

「玉虫何至令汝主不適」

「吾思其不適必爲此虫嚙傷所致。」

「汝言誠異但無踪之談。余實厭聞。盍速以理由告余。」

「君疑吾言乎。固極有理。此虫有爪有口。遇物即蹶嚙不已。吾主初捕時旣握諸手而又遽放之者。因被其嚙而感奇痛也。時老奴居傍見虫口可厭。不欲直接以指捕捉就囊中取紙屑襯之。並簇其口而納諸衣囊。」

「據汝之說。則主人公不適。汝定疑爲被此虫嚙傷致之然乎。」

「不但疑之。實知之。若非因其嚙傷。則夢中又何得見多金」

「彼夢中見金之事。汝何從知之。」

「聞其夢話。故知之。」

「然歟。然歟。吾等相談已久。今日汝來。究因何事。主人公知之否。」

「老奴之來。正主人公使之也」

「若然。則烈格君必有言。囑汝。」

「否否。彼並無所言。但囑以此信呈君。語久幾忘卻矣。罪甚罪甚。」因出信授余。其文曰。

"My Dear——

"Why have I not seen you for so long a time? I hope you have not been so foolish as to take offence at any little **brusquerie** of mine; but no, that is improbable.

"Since I saw you I have had great cause for anxiety. I have some -thing to tell you, yet scarcely know how to tell it, or whether I should tell it at all.

"I have not been quite well for some days past, and poor old Jup annoys me, almost beyond endurance, by his well-meant attentions. Would you believe it?——he had prepared a huge stick, the other day, with which to chastise me for giving him the slip, and spending the day, **solus**, among the hills on the mainland. I verily believe that my ill looks alone saved me a flogging.

"I have made no addition to my cabinet since we met.

"If you can, in any way, make it convenient, come over with Jupiter. Do come. I wish to see you **to-night**, upon business of importance. I assure you that it is of the **highest** importance.——Ever yours,

"William Legrand."

余讀之。心愈焦急。蓋此種文字與烈格平時所作。迥不相同。且又云有非常事。須于即晚晤余。就久必脫所述之情形祭之。則斷非善事。倘再遭不運。必致發狂。懸念之間。竟難頃刻遲滯。遂促久必脫同去。

有頃抵舟泊處。見乘舟中置有大鎌一。鋤三。皆新製者。因質于久必脫曰。「此爲何」

「大鎌與鋤是也。」

「吾非不識。但未審所用耳。」

「此物皆主人諄諄囑老奴購買者。且謂價雖昂。亦必購之。故老奴于此。曾擲大金矣。」

「雖然主人購此。究作何用。」

「此非老奴所知。即主人恐亦未有定見。不過皆因此玉虫致之耳。」

久必脫傾其全神注重玉虫。然無確實見地。余懶與言。遂揚帆渡江。不久至木魯脫里砲台北地。由此步行約二英里許。抵烈格家。午後三時矣。烈格久待閟甚。見余等至。仍無樂趣。徐向余握手。毫無氣力。余驚疑益甚。細察之。面色蒼白。眼深窪。而光燗燗。余既候其起居。因曰。G—大尉已以玉虫歸公乎。」

烈格色遽變曰、「歸則歸矣。倘或失之。豈堪言乎。久必脫語皆中肯。吾前誠藐視矣。」

余聞其言。亦覺痛惜曰。「何以言之。」

烈格但曰。「純金玉虫。純金玉虫。……」而不下陳。余以不明其意。故默不語。

少頃。烈格微笑曰。「有此玉虫而善使之則余前所失之財產皆可復得吾運至矣。吾將因其教而得金矣……久必脫試取玉虫與余」

「玉虫乎。請恕余主公自取之可也。」

於是烈格遂儼然起立。就玻璃箱中取玉虫出。以之示余。余見之喜出意外。其美麗一如久必脫所述。當時博物學者。既未之見則爲學術上標本之重寶。無待言喻。背之一端。果有黑點二。他一端有稍長者一。鱗甲間常據一種光澤。如曾經磨擦之黃金色素。其重量亦非尋常比。至今思之。久必脫雖無學。其言實當。而烈格又何得與之共入一轍。則余始終思索。莫明其妙。

（未完）

雜纂

軍國主義與平和運動之關係（譯）

奮民

(1)軍國主義之全盛

橫覽東西各國披閱數千年以來歷史外與異族相爭內則同種相殘殺伐事跡通古今如出一轍故人類爲戰鬭之動物一語軍國主義家所奉爲金科玉律然自他方面觀之人類具戰鬭之精神敗撓不屈各欲緣天演以自存其或兩敵相遇各欲制勝爭之不已必有一傷所謂好鬭之動物者反爲欲生不得欲存不能欲平和而

轉相爭可悲可哀無逾此者然物極必反平和主義雖屬哲人之夢亦不得不因之而出現今瀏觀往古瀏覽其大小戰爭皆所以鞏固吾人今日之國家社會而人類之生存幸福亦隨此強烈之戰鬬而驟增平和也人道也正義也秩序也非空談所可得徒手所可維持必以戰鬬之結果而後可以嘗其川蒙其利此軍國主義唱之愈盛反可保平和於萬一而各國汲汲以練軍製艦爲立國政策之所由來也

野蠻蒙昧之時人類與猛獸爭與外族爭以軍國主義爲本位固其然也即今文明之世人其人而國其國之主義波靡全球所謂歷史者殆純爲戰爭之紀錄而戰爭者乃永爲人生之大事夫戰爭強則榮弱則衰勝則興敗則亡此通古今而亘內外婦孺亦知其然若夫軍實虛而軍隊無欲保社會秩序與安寧維持國家獨立於不敗其誰信之且也樽俎之間外交口吻非不中人聽聞使後無陸海軍以爲之盾則理論亦屬空言通商貿易工藝商略雖臻完備然無軍隊以保護之求欲商戰舞臺牛耳獨握標幟高樹不可得也而況近時各國民族膨脹之勢日益熾盛國際間之利益競爭益形激烈假帝國主義之美名而軍備之增加武器之精銳無形中遂達

極點故軍國主義與世界文明適相爲正比例自野蠻時代以至今日終始一貫毫無所移軍國主義者之言曰平和者哲人之夢耳軍國主義實常優勝夫遠者固不可知若數百年中立國者蓋必出此一途矣

事實如斯時代之趨勢如斯舉世之謳歌軍國主義也今不渝昔則當此之時爲人道爲文明而唱平和主義者其無效也今亦猶古夫古之哲學家、文人宗教家、類皆平和主義之信徒而朝夕徨徨所宜播於世界者也綜其所言則以人類與國家社會之關係不可不統轄於正義人道主義之下社會與國家之編制苟得其宜則以武力相爭相殘之事跡不難制防何則挺刄加身誰無苦痛之感家族流離孰無悽愴之心故自人類之體質與其心理狀態觀之莫不愛平和自適絕非伍於好鬭之動物其希求平和之性根於先天所謂戰鬭之精神者不過爲保衛之用而得之於後天者而已約言之當人智蒙昧文物未啓時代爲平和而相爭不已迨達於文明境域非求平和而相爭實以平和而干戈自弭前則屬於不得已後則歸諸自然夫彼等之言論雖未足爲實際社會之用而思想界中固占優勝地位影響所及亦復不抄但不過軍國主義勢力日張區區言論何能挽狂瀾於既倒數千年來言平和者徒謂為哲人之夢若夫今日軍國主義極盛之時平和主義仍可論道而實行之望尤當減少此亦事有必至者也然可奇者當此舉世滔滔平和主義之運動忽呈長足之進步實用社會嘲笑之輕侮之而復不得不歡迎之昔之僅能形諸言語者今則少見諸事實矣昔為哲人之夢者今則少有眞相矣其出現也軍國主義固不因之而動搖而亦不能使之消滅噫此其故何哉蓋平和主義者軍國主義之反動力軍國主義全盛時期而平和主義勃興之機亦即伏焉軍國主義者不堪其全盛之負擔而思補救之法平和會議是其外交之術以哄動列國唱之者假名以利己附之者僅可蘇國民於一時而已換言之平和運動非軍國主義之對產物乃副產物當軍國主義全盛之時而生此奇觀固若不可解者而實則無他異焉

今日者依然一軍國主義全盛之時也日本處東海一隅與世界相隔以數十年而班躋列強者孰之功歟軍國主義也平和運動在古則僅為言論而今則漸見諸實事者孰成之歟軍國主義成之也近世以來世界文明幾成平等國際關係密逾前

苦。然猶。苦。於。戰。爭。之。負。擔。軍。國。主。義。者。自。作。自。受。日。形。困。苦。者。孰。之。罪。歟。軍。國。主。義。之。全。盛。使。之。然。也。是故視平和運動之勃興而以爲軍國主義將就衰微者誤矣平。和。運。動。今。日。世。界。之。偉。觀。也。然若以此而誤斷時世則愚之甚者矣

(2)軍事費之增加

軍。國。主。義。波。靡。一。世。其結果也國。民。之。負。擔。遂。大。增。加。自一八九七年至昨年。一九〇七年計此十年之中。爲平和運動之大發展時期軍費之增多。亦爲膨脹時代爰取其大端。分陸軍海軍列之於左。以供讀者之參考。

(甲)陸軍費

國別／年別	一八九七年中之數	一九〇七年中之數	一〇年中之增加數	核實計算之數
德國	七九九、〇四〇、〇〇〇法朗	一、〇七六、九九九、〇〇〇法朗	二七七、九五五、〇〇〇法朗	二二一、一八二、〇〇〇圓
俄國	七五六、三三九、〇〇〇仝	一、〇四七、一九九、〇〇〇仝	二九〇、八六九、〇〇〇仝	一二六、三四七、〇〇〇仝
英國	四五三、八〇六、〇〇〇仝	七四四、九〇〇、〇〇〇仝	二九〇、〇九三、〇〇〇仝	一二六、四三七、〇〇〇仝
法國	六四五、六三九、〇〇〇仝	七二三、七一三、〇〇〇仝	七七、七七三、〇〇〇仝	三〇、八二九、〇〇〇仝
美國	二一四、三七五、〇〇〇仝	四五六、五五〇、〇〇〇仝	二四二、一七五、〇〇〇仝	九六、八七二、〇〇〇仝

國別／年別	一八九七年中之數	一九〇七年中之數	一〇年中之增加數	核實計算之數
墺國	三六七、一九九、〇〇〇　仝	四七二、二〇六、〇〇〇　仝	一〇五、〇〇七、〇〇〇　仝	四三、〇〇三、〇〇〇　仝
意大利	二三四、七五四、〇〇〇　仝	二八六、〇〇〇、〇〇〇　仝	五一、二四五、〇〇〇　仝	二〇、四九八、〇〇〇　仝
日本	一六四、四五四、〇〇〇　仝	二八一、四五五、〇〇〇　仝	一三〇、三六〇、〇〇〇　仝	二四〇、七三一、〇〇〇　仝

（乙）海軍費

國別／年別	一八九七年中之數	一九〇七年中之數	一〇年中之增加數	核實計算之數
英國	五四五、六一五、〇〇〇　法朗	八三九、四〇〇、〇〇〇　法朗	二九三、七八五、〇〇〇　法朗	一一七、五一四、〇〇〇　圓
美國	一五四、五〇〇、〇〇〇　仝	五三六、七七五、〇〇〇　仝	三三二、〇〇〇、〇〇〇　仝	一五二、九二〇、〇〇〇　仝
德國	一〇九、三〇一、〇〇〇　仝	三三三、二八〇、〇〇〇　仝	二二四、五九九、〇〇〇　仝	八九、八〇七、〇〇〇　仝
法國	二五五、五二八、〇〇〇　仝	三一三、三三〇、〇〇〇　仝	五六、八〇二、〇〇〇　仝	二三、七二〇、〇〇〇　仝
俄國	一五九、三五四、〇〇〇　仝	二二九、三六一、〇〇〇　仝	八〇、〇四一、〇〇〇　仝	三二、一〇八、〇〇〇　仝
日本	一三九、九三三、〇〇〇　仝	二〇六、二〇五、〇〇〇　仝	六六、三四四、〇〇〇　仝	二六、四八八、〇〇〇　仝
意大利	九九、三六六、〇〇〇　仝	一三九、二五三、〇〇〇　仝	三九、八八七、〇〇〇　仝	一五、九六六、〇〇〇　仝
墺國	二六、八二四、〇〇〇　仝	三一、二四〇、〇〇〇　仝	四、四一六、〇〇〇　仝	一、七六六、〇〇〇　仝

舉上表以觀。綜各國而計之。每年有三億圓至四億圓之增加。蓋一八九九年即第一回海牙平和會議開會之時。我當局者（指日本）就各國軍事統計費而調察之。歐州中。除土耳基等諸小國外。加入美國及日本。一年之軍事總額費約二十五億一千

圓。迨及一九〇七年。即第二回平和會議開會之期。則達至三十二億餘圓。每年平均有三億九千圓之增加。歲入不敵所出。其勢必奪國民之生產資金而後已。是故各國軍事費與一般行政費之比較。既大失其平均。而軍事擴張之計畫。猶不以今日爲止。境負擔愈多。則課稅愈繁。前途茫茫。不可測度。即彼大膽無極之軍國主義家。苟長慮其將來。有不瞿然危懼者。吾未之見也。況即在今日不苦於財政之困難者。亦已無有。日本自去年以來。司農仰屋。烟茶糖酒之征榷。出而怨聲載道。幸持之有法。得以轉圜。此軍國主義者之代表。而適切之證例也。

(3) 英德之對抗

據上表觀之。近十年來。標軍國主義於全球。而驚動世人者。莫德國若。揆其所抱據爲口實。以欺各國者。則有二端。境壤相接。雞犬相聞。懼法人之復仇也。此其一。陸軍擴張。商工業發展。甲於各國。鞭長懷不及之慮。而戰艦增。此又其一也。雖然德之海上政策。非着手於近年。十九世紀之初。國防完備。內顧無憂。方針蓋已移矣。當一八九一年。保路馬將軍大聲疾呼於國會之時。固已招列國之忌。然當時德國海軍之預算額僅百四五十萬磅勢力尚微其雄大抱負聳動人耳目者則始於一八九九年之擴張計畫前年末討議海軍預算之際海相扶洪嗎夏辯明其政策之所在其言曰、『德國帝國政策非好招不測以躍入危險之舞臺蓋吾人之利益不可不求海外之同胞不可不保殖民他國使我德人無後顧之慮其預防何可緩圖』落落數端足表其政策之所在矣彼言如此其時反對黨領袖濕哈多嘗唱言曰、『德艦隻影所無之處即德國商業繁昌之地藉口護在外之民以事軍隊實則爲帝國主義先驅之旗而已欲外交儘行於砲力所至之地外交之拙者也』

反對者雖諄諄而呼應者藐藐其雄策殆着着進行矣一八九八年、海軍之力有戰鬭艦十九隻海防艦八隻裝甲巡洋艦十二隻小巡洋艦三十隻此大計畫方行之時適南阿戰爭以英人之肆威愈形激昂即又大肆擴張時一九〇〇年也計至一九一七年之時潛水艇水雷艇不計外戰鬭艦三十八隻大洋巡艦十四隻小巡洋艦三十四隻水雷驅逐艦百十二隻若至一九二〇年戰鬭艦三十八隻大巡洋艦二十隻小巡洋艦三十八隻水雷驅逐艦百四十四隻之大艦隊可告竣工其建設預定。既已發表。計十二年中。其艦隊之建造費及艤裝費共七千七百萬磅。乘入人員自四萬一千人增至五萬八千四百六十一人。廢去二十年以上二十五年以下之舊艦。蓋自一九〇六年至一九一七年。其投入之海軍預算總額。計一億六千六百磅之多云。

當德之計畫行時。列國形勢因之而大變動。而數十年來握海上霸權橫視全球之英國受影響最大。蓋德國計畫完成之秋。即於英國有摩壘進攻之危。兩國海軍政策競爭之猛烈。實千古之奇觀也。

泰晤士者。倫敦最大之新聞紙也。其言曰「我英自有史以來。可恐之强敵如德人者。曾未之有。」其言可謂洞中一切。今請縱覽大局。曠觀往史。西班牙當腓立布在位之時。雖戰艦蔽海。士卒雲屯。而對英海岸無良港灣。卒罹全殲之慘。路易十四世及拿破崙有陸軍數十萬。而無多數軍艦與良港。難免敗北之辱。若夫荷蘭戰艦有軍港備而乏陸軍。噫。陸海交備者。其惟德意志乎。北海岸之港。長六百呎之巨艦。並時可容十四隻。少加浚渫。再大者不難淀泊。天然形勢既占優勝。人事防備亦甚堅固有事之秋數十萬陸軍可穩渡海洋惟意所指夫海軍無遺憾矣觀其陸軍則鐵道連絡布置周密戰端苟啓三十六時內二十萬銳師可齊集北海之濱其平時陸軍之力約六十萬進攻退守更番迭代奔命之憂可無慮焉更進而察其國民之性質況若勇敢精神活潑軍略上之智識優海上之活動復爲所長地利人事兼而有之洵非尋常之敵故德對英之進畧主義蓄之久而養之銳矣今以世間之定評而觀英國海軍士卒勇長官良陸軍則侵略之勢多佔優勝然北海之濱國防不備啓人之窺伺者其在此乎故英之政黨間有以縮少軍備爲言者而强敵方興實際政策上則毫無影響也

雖然、德之於世界其價値固高而內力不充狼狽現象實不堪言軍事進步之結果。雖其商工業發達除美國外雄冠宇內然一般歲入終不足軍事之用觀其財政即可以知一九〇三年至一九〇八年五載之中德之歲計增至千五百萬磅實有總歲出四分之三公債之募隨年而增亦勢然也今列其表如左、

一九〇三年　一三二五〇、〇〇〇磅　一九〇四年　四九七五、〇〇〇磅

一九〇五年　一七、〇八五、〇〇〇磅　一九〇六年　一三、八五七、〇〇〇磅

一九〇七年　一二、六九四、〇〇〇磅　一九〇八年　一三、〇〇〇、〇〇〇磅

觀此可知其每年必費千三百萬磅之公債。自本年（一九〇八年）以後十年之中。計其海軍費取資於公債者。實有四千五百七十九萬磅之多。即於常年經費中有二千八百三十一萬五千磅之增加。其歲計不足每年愈甚。熱心從事於軍國主義而不顧人民之能負擔與否之德國不得不驚且懼此數月前英德交懽親電互呈之滑稽事件所由起也。今列其自本年以後十年間之海軍豫算費如左。

年別／種類	海軍費總額	內公債支辦額	經常費預想額
一九〇八	一六、九六〇、〇〇〇磅	四、五〇五、〇〇〇磅	一二、四五五、〇〇〇磅
一九〇九	二〇、二七五、〇〇〇	五、八九〇、〇〇〇	一四、三八五、〇〇〇
一九一〇	二二、〇四〇、〇〇〇	六、三五〇、〇〇〇	一五、六九〇、〇〇〇
一九一一	二三、〇八五、〇〇〇	六、二二五、〇〇〇	一六、八六〇、〇〇〇
一九一二	二二、四五五、〇〇〇	四、九七〇、〇〇〇	一七、四八五、〇〇〇
一九一三	二一、五六五、〇〇〇	三、〇八〇、〇〇〇	一七、九三六、〇〇〇
一九一四	二〇、八三五、〇〇〇	二、四一五、〇〇〇	一八、四二〇、〇〇〇

一九一五	二〇、〇八五、〇〇〇	一、三六五、〇〇〇	一八、七二〇、〇〇〇
一九一六	二〇、四八五、〇〇〇	一、一二五、〇〇〇	一九、三七〇、〇〇〇
一九一七	二〇、八八五、〇〇〇	九一五、〇〇〇	一九、九七〇、〇〇〇

預算雖如此。然世界進步。正未有艾。事物變化。何可預測。物價之騰貴。勞銀之增加。武器發明影響所及之預防費等。因亦增加無已。觀前二年至今日增加之數。約三百二十萬磅。以此推之。蓋可知矣。且也大型軍艦。歲有建造。波羅的北海間之運河。時有擴張。則千五百萬磅之巨額。不得不籌。以上數端。不過舉其梗概。則英德之對抗相持者。實彼此各有隙可擊。而皆不敢首先發難。以蒙不韙。致動歐州風雲。以駭全球。使德國財政上。苟有障礙。吾知其世界政策。將不限於空想。必形諸實事。今其國君尚平靜沈着。固軍實以待時機。居心所在。正未可測度也。（未完）

俄人蒙古探險記

鞭石

此記爲俄國最近入蒙之調查書。甫出。日人譯之。以示彼國民之趨向。今復

雜纂

由日文譯出以嚮我國之關心邊事者

策世界將來和平所可研究而爲極東問題之最要關鍵者支那北部版圖之平和問題是也隣接清韓在極東大陸上有重大之利害關係如我日本者實於世界列强之對極東政策有監視之責且任東洋各邦指導者之使命故我國民苟念極東形勢對此茫茫大陸欲於工商業利權發達之趨勢而注意之當無忘於清國全土之研究也然極東問題之風雲頓變其始也發難於韓一轉而移於白山黑水之間再轉而推及大漠窮荒之地則蒙古全土爲世界將來極東問題競爭之樞要地可豫想而知夫蒙古境域東與我利權範圍之滿洲接壤北臨俄領西伯利亞南與支那本部劃長城爲界是實日清俄三國利權交錯之處也緬懷往昔方振盪全球之偉人挺起也以二十萬方里之面積百二十萬之人口雄視六合跨歐亞而建邦何其盛歟及其衰也名字幾泯沒於人間僅留歷史上數行遺跡賴以不墜已耳乃際此不絕如縷之會忽入極東問題圈內聳動世界列强之視線我國對蒙研究歷史地理學上既已開其端緒非無二三從事之專家然將此研究所得使普及國中並

使一般人悟知支那歷史上見有所謂漠南漠北者絕非魑魅魍魎宅居之處今猶闕如竊欲達此目的先取俄國最近蒙古探險隊研究調查之事實。譯之以紹介於世。俄人此舉。爲地學協會發起受幾多國庫之補助金並由陸軍省使將校及哥薩克兵若干名附隨之。組織一探險隊。其旅行所記。爲斯篇之主。更取地學協會會員波塔寗博士者及他陸軍人等遠征隊調查之所得而綱羅。彙爲此記。蒙古之地理產物。畢現此紙。自不待言。即就人種人文政治宗教風俗遺跡古物之研究。亦備具此記中。我國人曷早圖之。譯人原敘

(一)探險隊之首途以下本文

我蒙古探險隊之一行。第一着先入西北部蒙古赫薩爾巴什湖庫蘇爾湖間。一面調查蒙古內地唐努嶺與天山嶺間之地理。豫設最後之準備而爲極切要之地者。西部西伯利亞賽密披拉廷斯克州所屬之畢乙斯克市。及畢苛通哥拉礙驛。與齋桑驛三處是也。居中畢乙斯克市爲尤。因此處爲稽爾奇思人、蒙古人、烏粱海人等。混居之地。其言語與我邊境殆相通。而爲探險者最便之事。且畢乙斯克地方與索

雜纂

郭克間。因夏期貿易交通。得與探險者以嚮導之便。若畢苛通哥拉礙驛齋桑驛。無如是便利也。從畢乙斯克方面。以達畢乙斯克市。爲郵便大道。從此往俄領阿爾泰地方之阿歐達。可利用馬車。從阿歐達至昆亞加祁。通乘馱馬。從昆亞加祁至西部蒙古之都會名科布多城者。二百七十俄里（俄國一里合中國里一里四十八丈）間。尚有一二驛站。旅行者稱便。我隊由彼得堡起程。於未入蒙古之途中。費去幾多時日。身歷多少不便之處。始由俄領、齋桑驛、向彼殘煙荒草、俄蒙交界處、進發。

我隊於齋桑驛發軔之途。又偶遭不幸。當到此驛時。從西伯利亞輸送供給清國軍隊之穀類。尚未告終。以故邊境地方之駱駝。悉被徵用。所留者僅該地居民遊牧遷移所需。與老弱不堪用者。因之又多延時日。

我隊主部人員二十名。加有地理學者、老古學者、蒙古語學者、近衛士官哥薩克獵兵、篤志探險家、及婦人等。所需之費。從地學協會供給三千四百盧布。又得國庫頒發三千盧布。若近衛士官及哥薩克騎兵之旅費。則皆由陸軍省擔任。其外又有篤志家之捐助金。與地學會支出別項費千盧布。一行因於八月二日（陰曆六月十四日）集合齋桑驛。

齋桑驛在俄比河源流賽密披拉廷斯克省、東南境之齋桑平原。東南爲阿爾泰山系。即俄蒙接境之處。齋桑驛郭外。有木造之教會堂。人數僅百七十戶。此外附近有哥薩克村落（屯田）三處。並稽爾奇思人村落一處。人口六千六百人。其中我俄國人不過二千四百七十一人。驛中稽爾奇思人。設有亞細亞學校。用韃靼語露西亞語。及俄國小學校課程學科。教授稽爾奇思人之子弟。

八月二日。探險隊始行。渡塔米爾河。此河流發源於阿爾泰山脈之一支峰奇齊格納山。由齋桑驛至此。計七俄里。道路平坦。沿奇齊格納山麓而東。暗夜結隊以行。因由齋桑驛起行時。夜漏已遲。且途中旋遭雷雨。非常困難。曾渡幾處殘木破壞之小橋。雷鳴不止。及雷聲息。依然黑夜。我等被蚊羣包圍之。遂用布衣及樹枝揮舞以與蚊羣鬥。蚊雷之勢。一行中皆謂從未經見者。余將所攜之小提燈。用火燃時。蚊蚋即強襲余身而來飛附於面。恰如有人以砂礫塗之者。提燈旁飛集之蚊。不知幾多。及燈火周圍重積。遂致撲滅。即此可知矣。我隊徹夜無一人寢者。翌日沿河畔張天幕見有破孔處。蚊蚋皆穿入焉。

(二)始入蒙古

八月三日。向劍底爾禮克河進發。道路平坦如昨。循疊疊岩石之山麓稍北而行。乃抵劍底爾禮克河河畔。有哥薩克兵屯田之村落。置驛。哥薩克兵之移住此也。始於千八百七十一年。及八百七十三年。此河流至劍底爾禮克驛邊。水勢湍激。水量亦深。然水色甚濁。蓋因河邊地質爲砂土之堆積層故也。

劍底爾禮克驛以東。山丘起伏。遮蔽遠目。無若齋桑驛至劍底爾禮克驛間。遙北一望。廣濶無垠之寥廓也。我隊向山坡東進。復抵劍底爾禮克河畔。乃張天幕。得一日休息焉。

八月五日。向阿沙魯拉布苦河出發。乃先涉劍底爾禮克河。初渡時。雷鳴風起。大雨驟至。如砂礫大之雹橫飛來。始西風後轉爲北風。雷聲漸北移。雨亦止。同行者畢涉。皆無恙。河最深處。水及馬腹。河東道路。初行時多硬砂小丘。後漸成砂土覆土之荒原。此處植物與地質均有鹽分性。熟思之乃知地層中必含有鹽層無疑。在此荒原初見所謂一種蜥蜴者。後屢見之於阿沙魯布拉苦河邊之休息地。又得捕獵有益於動物學上之蛇類。劍底爾禮克河者。阿爾泰支脈中發源諸河。流相滙之河流也。而阿沙魯布拉苦河者。即我等所經之劍底爾禮克河最後之支流也。劍底爾禮克河之下流。河水氾濫。與額爾齊斯河之氾水。相合爲沼澤。

八月六日。指烏里崑拉蘇圖河發駕。初經之地皆粘土。苦蓬叢生。後橫渡拉蘇圖河之小流。（拉蘇圖者稽爾奇思人稱烏里雅蘇臺即白楊樹之意之訛也因此處白楊水楊極多）我等皆徒涉之。其上流。即我俄國夏期配備軍隊看守國境之處也。從拉蘇圖河至赫薩爾巴什湖分兩道。一取道南方。經過屯備軍隊所在地。此道路水足。飼料亦豐。惟石礫高坡之山地。馱馬駱駝。多形困難。一爲北方之道路。飲食料甚缺乏。然道路平坦。車馬可通。我探險隊遂從北道進發。拉蘇圖河之東岸。有馬可布山（即沙烏爾連山之前方支脈）聳立。所謂北道者。即循此山北麓而向拉蘇圖平原北行。道路漸北漸高。乃下此平原再越巉巖。始出烏里崑拉蘇圖河之平原。我隊在西方拉蘇圖河畔。登高丘而遐眺南方。仰見穆西得嶺三峰並峙。皆戴皚皚白雪。其前之二小峰。爲科庫鋪卡山。（蒙古語鼠色牛之意）及諸赫山。（蒙古語犬之意）皆巖石突兀聳立清空。遙望馬可布期喀山頂。如堅固之巖石層成者。其北麓則有酸化鐵鑛露出。若齋桑湖北岸及烏隴布河上流之地質。亦此類也。

我隊從北登此饒谿谷之巉巖。東行始抵廣濶平坦之荒原。烏里崑拉蘇圖河貫流此處。入於幾多雜草繁茂之窪地。滙爲沼澤。

我隊在此平原。有從俄國烏斯祁喀買諾歐爾斯克運送穀物於此地所來之小露西亞商隊。由布爾脫霍村（此小部落在赫薩爾巴什湖近傍）歸。相邂逅於途。勒馬此間。歷巒迴望。先見在東方之馬可布期喀山者。今轉在南方。當此西北山丘之砂原。遠望無涯。如白雪鋪地。其南麓氾濫無邊之拉蘇圖河起臨爾苦脫河。夕陽返照。金波銀沙。遠映長空。洵美觀也。

八月八日。至杜滿底河。翌九日。至舍密陟之沼澤地。翌十日。滯留此間。此二日中旅行道路。屬石礫粘土相混之山坡。拉蘇圖河之平原依巉巖而與杜滿底河平原所分之道路。必先登之而後乃降至杜滿底河之邊。此地有白楊及樺樹森林。又有稽爾奇思人所謂之韃歐打（譯音）樹木。我隊所張之露營邊。見有雜草繁茂之低岸。岸下河流。滾滾且河水氾濫時順草間而流焉。所謂杜滿底河者。稽爾奇思語以河上常有霧之意也。河岸柳林之外。無他樹木。其地質與拉蘇圖河同爲黃色粘土之古代堆積層。

從杜滿底河至舍密陀河之道。必經過塞里點山南麓。地質爲砂礫混合之粘土。由此處至赫薩爾巴什湖之間。無大河流。僅有所謂期禮喀（譯音）之濕地所成之綠洲。（砂島）（地下流水浸濕地面之義）此邊雜草繁茂。綠洲亦近湖。故雖屬沙漠。處處生有無數之草。及灌木。與此寂寞草原添幾許活潑之氣者。唯黑赤翼之蝗蟲結羣而飛耳。鳥類則僅見沙漠之雲雀而已。若螽類也。蜥蜴也。皆與地質之顏色同一。無複雜之色。我哥薩克獵兵常入獵結數百匹爲羣之克庫利庫獸。（或云山羊之一種）

（未完）

日本軍制攷（續第五號）

懷椎

第十三章　陸軍禮式摘要

第一節　敬禮之關係

軍人於敬禮一事。最爲重要。凡軍隊之嚴肅有紀律者。必由禮式縛束之。若禮式不周。則武夫之野性傲慢紀律鬆解。以之當敵。鮮不敗亡。徵之歷史則如普法之戰。（一千八百七〇年事）未開戰之先。普軍參謀總長莫路多克至法國調查其軍隊。見法軍操練嫻熟。鮮有破綻。最後見其軍人與上官行禮。竟有以手觸上官之鼻者。而上官亦置之不問。於是莫路多克歸言於軍中曰。法人雖强。余見其上下驕慢。擧之可復拿破崙一世之仇。遂率師攻之。果敗拿破崙三世。而得二洲之地以和。可見敬禮之關係甚大。即以日本論甲午與吾國戰甲辰與俄國戰皆先遣人調查軍隊之敬禮。以見上下之感情而卜其强弱。則戰之勝負亦於此決焉

第二節　敬禮之種類

敬禮之種類。分室內敬禮與室外敬禮。是爲通常之區別。然室內室外。又各有不同。玆先言室內敬禮。室內者。事指居室。校室。事務室。應接室而言也

(甲)室內敬禮之區別

(一)準士官以上之人員入室時。則由先見者下（ナホレ）口令。（即立正注目之謂）兵卒皆起立注目。答禮後。俟下令者下（ヤスミ）口令。（即少息之謂）然後少息。

(二)下士官上等兵入室時。亦由先見者下口令。但祇下（氣ヲ著）口令。（即立正之謂）其休息同上。

以上係上官至兵卒室。或休息室。或飯室。雖飲食在口。亦必起立。不能懈怠。

(三)兵卒入上官室時。必先摘帽。離上官六步。稍微折腰注目。行禮畢。再進三步。方請命。事畢。仍回原處。行禮如前。然後退出。

(四)兵卒入上官室。呈進物件。右手脫帽左手持物。呈上時。則攜帽於左脇下。以右手呈之。受物亦同。行禮折腰注目如前。

(五)兵卒入多數上官之室。先向最上級官折腰注目行禮。次向各官行禮。

(六)兵卒執銃時。見上官。不脫帽。亦不折腰。惟持銃立正注目而已。

(乙)室外敬禮之區別

雜纂

(一)兵卒單獨之行禮。如個人對個人行禮時。隨行隨舉右手至額。是也。

(三)兵卒停止之行禮。於正行走間而停止之舉手注目以爲禮。但見軍旗、及本隊長官、中隊長、大隊長、聯隊長、旅團長、師團長、陸軍大臣、而然。否則隨行隨爲禮也。

(三)兵卒進行間。見多數人員。或他隊人員上官之時。隨行隨舉手注目行禮

第三節　敬禮之注意

敬禮之注意。在形式與精神。無論舉手脫帽時。皆有一定姿勢。當脫帽則用右手脫下。垂於右股之旁。帽之內部向裡。身向前略傾。當舉手則右肘與肩齊。指稍與帽簷齊。成三角形。掌略向外張。中食兩指似夾帽簷。戴時不可偏倚。帽簷與眉上齊。帽邊與頭成水平線。以防注目舉手不便也。法國軍帽狹小。不能齊眉平頭。多見偏倚。故行禮不敬。意大利之軍禮。惟以目送之。無舉手之姿勢。日本見法之帽小而傾斜。意大利之有注目而無舉手。則軍隊皆未具有完全之精神。於是剔二弊而增改稍寬大之軍帽。注目與舉手並行。而軍人之精神。與表面之觀瞻。亦自煥發。不但形式

之精神爲然。即內練之精神。亦必如此。例如上官之譴責。不得因此懷怨。致懈敬禮。再夜間服飾認識不清。無論上官下士。以先見者先行禮爲原則。

第十三章　赤十字條約之大意

第一節　赤十字社成立之宗旨

凡爭戰之事。多起於兩國利權不平等。昔之戰爭。爲君主之野心而生。今之戰爭。爲人民各欲謀其生存之野心而生。君主對於君主之野心而爭。則個人爲主體。人民對於人民之野心而爭。則國家爲主體。然戰爭日烈。人道日益殘喪。爲君主之兵士而敵人者。死固可惜。而爲國家之兵士而敵人者。死豈不可惜乎。故瑞士國首創十字會。以拯救之。當時組織其事者十一國。在瑞士日內瓦府互結條約。其宗旨在兩國有戰爭時。兵士無戰鬭力者。（無戰鬭力因受傷故）無論何國。皆不能視爲敵人而加害。且保護之而全其生。此十字會之大旨也。其名爲赤十字者。蓋事由瑞士發起。其國旗赤質白文。而爲十字形。既經各國組織。則定其旗爲白質而加赤文十字於其上。以誌記念云。不但旗爲赤十字。凡會中一切辦事人員。無不載赤十字於肩帽。以爲徽章。其所以別其旗幟與徽章者。以便兩交戰國之兵士。不致誤視而砲擊也。

第二節　條約之規定

(一)戰地之陸軍病院。視爲局外中立。患病及負傷者入院。兩交戰國均宜保護。不可侵害。

(二)戰地假病院。及陸軍病院之醫員。事務員。負傷者之搬運人。並說教者。各從事其本務。而享局外中立之利益。

(三)前條之各員。縱令該病院爲敵軍所占有。亦得行其職權。

(四)救助員有負傷者。土地之住民不得侵之。於家屋內接受負傷者看護時。則不得犯其家屋。又於自己家屋接受負傷者時。則免野戰課稅之一部。且可免其家屋供軍隊宿舍之事。

(五)負傷又疾病之軍人。無論其爲何國屬籍。皆宜接受看護。軍中司令官。於戰鬪中。得下命令。以負傷軍士。速送於敵軍之前哨。但限於已經兩軍協議之時或治病後不堪爲兵者。可送還於其本國。其他若已發誓於戰爭中不復帶兵器者。亦可送還於其本國。

(六)陸軍病院。戰地病院。並患者傷者。撤去自己之標章。皆用局外中立之旗幟。且於其旁。揭以國旗。局外中立之人員。皆用白質赤文之十字臂章。

按兩敵相交之處。謂之戰地。而假病院。即設於此。以爲犄角之勢。兩軍之負傷及患病者。在其處療治。故兩戰爭國。視其爲局外中立。不相侵犯也。敵若占領而施攻擊之術。則被敵者亦可用砲還擊之。否則不能。而病院一切執事人員。皆各從任務。而享局外中立之利益。並其地所居住之人民。亦不得侵害。且予以自由。若接受負傷者。可免野戰課稅之一部。並可免軍隊之宿憩。當時病院之執務者。無論何國之軍人負傷及患者。皆接受看護。不得歧視。兩軍若協議。則軍中司令官。得下命令。將敵之負傷者。直送敵軍之前哨。或有被虜者。發誓於軍中不再帶兵器。及傷殘不堪爲兵者。亦可送還其本國。

第三節　戰地病院之組織

戰地病院者。爲兩國戰爭之地。而同爲赤十字會締結條約之國所設者也。其內容之組織。則有醫官。藥劑監督事務員。看護婦。搬運人。說教者。及救護私社員等。其外

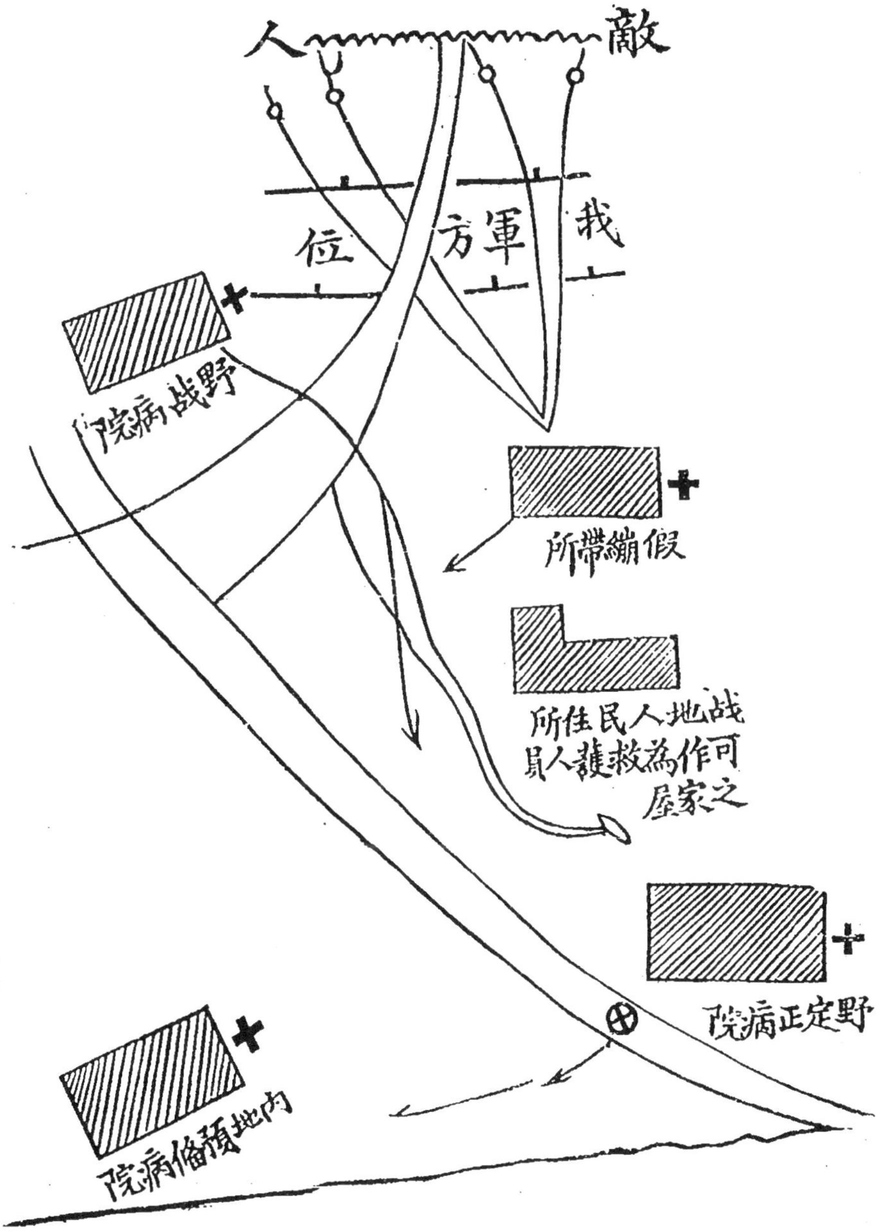
敵人
我軍方位
野战病院
假繃帶所
战地人民住所
可作為救護人員
之家屋
野定正病院
內地預備病院

容接近戰地。設綳帶所。稍遠則設野戰病院。及民間家屋而預備私員救護。再遠則爲野地定正病院。其圖如右。

如右圖。兩敵相近而設假綳帶所者。蓋便於收傷裹創也。綳帶云者。是用清潔布片以防患處者也。綳帶有二種。一三角形。一捲軸形。皆爲臨時應用以裹傷處者。戰地有傷者。即搬至此所。先爲療治。然後送至野戰病院。經野戰病院治後。又送至野地定正病院。最終送至內地預備病院。觀圖之指示線自明。

第四節　條約之構成

條約構成於西歷一千八百六十四年八月二十二日。以後無論何國有戰爭。皆有赤十字會人員。拯救失戰鬭力之軍人。故現今各國軍人。見有赤十字旗章。絕無有敢侵犯者。其效果皆緣於赤十字會成立。發布條文與規章之日也。（完）

中國之陸海軍觀

健公

支那之兵備。漠然不可知。何故不可知乎。秘密者。北京政府之特色也。其軍制之廢頽紊亂。其兵士之腐敗庸劣。殆達於絕頂。題舊支那之陸海軍觀。未免有名不負實之誚。但僅就零聞碎說。撫拾之以爲吾國人洞悉支那國情之一助。其亦閱者所樂許乎。

●陸軍之兵制●

支那之陸軍。有鎭。有協。有標。有營。有隊。百二十五人爲一隊。四隊爲一營。三營爲一標。二標爲一協。二協爲一鎭。隊者小隊。營者大隊。標者聯隊。協者旅團。鎭者師團。北京政府聲言編成三十六師團之計畫。以虛嚇天下。但現所完成者。不過僅八鎭。

●八鎭之配置●

今於此觀其八鎭之配置。二鎭在天津。二鎭在保定。一鎭在北京。一鎭在滿洲。一鎭在湖北。他之一鎭。則在江北。是皆新式訓練之兵制。所謂負新軍之美名者也。八鎭以外。尙有舊軍與鄉勇等。

●舊軍中之尤物●

所謂舊軍中之尤物者。不問而可知爲馬玉崑引率之一萬武衛軍。當洪楊之亂。彼常馳驅於千軍萬馬間。而爲燕頷虎頭之驍將。號令嚴明。軍紀整肅。有使兵如使指之能。現下屯駐於北京。與新軍共當禁闕之守備。次則爲姜桂題統率之七千五百禁衛軍。而今守備南京對岸江蘇江浦口之要害。雖藉口防亂黨。而實則蹂躪人民也。觀於此次之南下。不益信乎。夏辛酉亦有二千餘麾下。駐紮山東曹州府。其勇名當與馬姜雁行。惜其昨年病歿。其兵勇遂相率而投於桂題之軍門。若夫各省之鄉勇。畢竟何如乎。是不過青龍刀火繩鎗式一流之人。形式甲午一役。日人獲我此種器具者。不勝指數。至今尙存於國光館。嗚呼。火器發達。日新者月異。我國尙墨守成規。欲以此制勝人乎。非獨外人譏諷。使果自思。當亦自笑其無謂。僅捕獲拐子竊盜而著非常之功勞耳。

南部支那之防備

更進而觀革命噴火山南部支那一帶之邊防。在廣東者。新舊兩式步兵各各一協。在廣西者。舊式步兵一標。砲兵一營。工輜重兩兵。各各一隊。樂隊半隊。在雲南者。舊式步兵一協。砲兵二營。在貴州者。步兵一標。在四川者。舊式兵二標。一營。武器不整而似整。軍容不隆而似隆。然六百餘革命黨一至。蒙自河口。四民靡然響應。之官軍。皆風聲鶴唳而潰走。不可測知其弱乎。

將官之養成

北京政府。近亦大欲養成將校。發布大學堂兵官學堂中學堂及小學堂之制度。但現所開設者。不過僅小學堂。小學堂者。與我地方幼年學校爲同一程度之學校。而網羅十五歲以上十八歲以下之少年子弟。倘別設速成教育所。武備普通學堂及將弁學堂。爲一種之變則教育。然却見成功。

海軍之現狀 翻觀支那海軍之現狀何如乎。黃海一戰。北洋水師。爲我海軍殲滅。今雖海軍再興之聲。遍於全國。然却無實際之可言。若欲强求之則南洋水師與長江海軍。不得不屈一指。前者以長江咽喉之江陰爲根據。四砲艦以外。尚有未製三砲艦。後者常碇繫於武昌。有九砲艦。四水雷艇。然其艦員之要部。悉被外人占據。所謂水兵者。不過野生之漁夫。僅知鳴喇叭扛錨鎖耳

長江流域 在武昌以北之長江流域。有長江水師。名將彭玉麟。因與洪秀全戰而創設者也。聚百石積之航船。設種島式之大砲。（按日本天文十二年。西洋火器。始傳於種子島。故云種島式。蓋言其腐敗不堪用也。）嗚陣太鼓而進行。是皆半世紀前之遺物。而僅慮喝水賊耳支那海軍之實力。眞可憐哉。

苦心之實 甲午役後。支那人民。自長夜之惰眠醒起。變法自强。稱爲振刷陸海軍。制。然顧其跡。則十餘年苦心之實果有若干可擧乎。濫發之上諭。畢竟一種之

試喇叭也、甚哉、空文空論之荼毒國家也。

此文爲居留我國日人中久喜信周所撰。譏嘲諷刺。喜笑怒罵。可謂無所不至。直行譯出。不假修飾。存其眞也。自甲午敗後。我政府與辦陸海軍之聲。不絕於口。然至今已十餘年矣。陸軍雖定爲三十六鎭。今所成者僅八鎭。而況此八鎭之僅有形式而無精神乎。至于海軍。人員既無一養成者。而所謂一等戰艦者。至今尙屬空空。鎗礮廠製船局。更不待問矣。去年海牙平和會。以無海軍故。被列爲三等國。究之欺人乎。自欺乎。豈知人之視己。如見其肺肝乎。日俄戰後。日法日俄英俄協約相繼成立。羣焉注全力於我。此後惡潮愈趨愈厲。吾國今日之時期。爲最迫促不再來之時期。不能以甲午至今例之也。然自甲午以至今日。所舉辦者僅如上所云云。即再假以十餘年。而其能力亦可想見。況列强尙迫不待我以十餘年乎。夫日俄諸協約成立。均以領土保全機會均等爲主。自實際法律兩方面觀之。吾國已陷於各國保獲國最悲慘之地位。且商埠敎堂遍地皆是。無處不可釀禍成機會。即無處不可分作領土。甲國得一機會而進一着。乙國即援均等而進一步

雜纂

我若出於反抗則外人有一最狠毒最險狠之手段即限制軍備是也雖然此亦非遲至十年二十年後也不過四五年耳庚子之亂迫脅要挾拆毀砲臺限制軍火不入口者數年而一切生殺予奪之權悉操諸外人之手豈非其明證乎雖然政府目的故在彼不在此也吾有詞以對日人曰中國軍備防外患則不足平內亂則有餘中國政府禦列強雖不足防家賊則有餘中國軍人敵異種則不足殘同種則有餘

夏聲第六號

一三六

片羽錄

果樹之冬季剪定法

浪　譯

現時果樹栽培之法日益增加。則各國園藝界之競爭亦日劇烈。然即是法也。可講改良之策者。尚復不少。如剪定術。爲最重要且最困難之業。特實地經驗家未甚留意。是則爲可惜耳。茲就農學家剪定術經驗之要領。摘錄之以備取擇。

剪定之意義　剪定之文字。屬園藝學上之一術語也。換言之、即切枝之義。即除去發枝、古枝、徒長枝等無益之枝。或古根、主根等。無用之根。整理樹形。且使樹液之循環均一。調和樹姿。以圖結實豐饒。且使其品質良好之術也。

剪定之目的　剪定之文字。既知其意義。則其目的之大要自明也。然舉淺理解剖。記其要目於左。

(一)整枝使爲已所好之樹形

(二)使各主枝正生樹形整然並結果枝之發榮

(三)除無益枝根使樹液循環平均樹勢以計枝幹之强壯健全

(四)使樹勢均一結果增加並改良其品質

(五)使偏生育枝(即不實枝)減少結果枝加多

要之、剪定之目的爲整理所栽培果樹之形體及使生產額多也

剪定之利益　凡果樹之剪定與否。其利益差頗大。徵諸事實可知矣。今舉要如左。

(一)能保樹勢之均則隔年結果之弊可避果實產額既多而形狀品質亦良因之利益更多

(二)既經剪定之果樹則結果期早且前後殆有定據之收穫故栽培事業可得安全之經營

(三)樹形受整理故空氣流通日光透徹遂有左之利益。

(甲)整頓樹液之循環

(乙)生育得適當之溫度

(丙)得健全之樹枝

(丁)果實之成熟確實

(戊)果實之成熟比于他樹則速

(己)病蟲之損害減少

(庚)得保徵少之地積

(四)生長力既盛。雖難結果之樹。亦易結焉。

(五)剪定則樹木命數短縮。然於期間收穫比不剪定者頗多。故樹命雖短。得利甚大。

雜纂

以前舉其利益言之即剪定効果之主要部分也。然如此利益雖多。而損害亦隨之。究之皆因手術之拙劣者居多。苟行適宜之手術則可以償其損耗

剪定之要領　剪定後所得許多利益。已如前言。剪定之要旨得而不爲施術。則徒勞無効。幾許苦心。亦歸泡影。或者因此使果樹全然陷于不結果之悲境。故要熟讀玩味左記要領。然後從事於實地經驗。持鋏剪定。蓋其爲要非數言可盡。削繁擇要。理解如左。

(一)剪定時期　以秋季落葉後。至春季發芽前爲適。然由氣候寒暖樹木種類。遂有異同。暖地則秋季落葉後。寒地則春季發芽前爲宜。蓋恐有障害於其切口之癒合也。

(二)熟知果樹之性質習慣。及剪液之強弱等。是即剪定之要旨也。特以知結果枝發生之狀態爲最要件。苟不留意於此。則雖剪定而仍有害。又由其生地之氣候土質栽培之如何及種類生差異於結果。故手術者。以研究此等事爲最要件。今列記主要樹結果枝之狀態如左。

(甲)苹果梨等於短梢上開花結果

(乙)柿於本年生之新枝葉腋間開花結實

(丙)桃李及杏櫻桃於本年生之枝上。至其年之秋間生花蕾。至翌年開花結實

(丁)柑橘類於所屬發育枝之種枝明年將生成新梢生結果枝於此開花結實

(戊)葡萄則前年所生之枝上至本年發新枝於斯枝開花結實

(三)對強壯之樹種及枝則可長剪對軟弱者則可短剪何則、強壯之樹枝雖長剪而能生枝於其下部故若短剪之則強勢之徒長枝叢生又短剪弱勢之樹枝則其効果猶於長剪強勢之樹枝也

剪定之標準如左。

在于強勢之樹枝則剪定爲全長二分之一。

在于強弱相半之樹枝則爲全長三分之一。

在于弱勢之樹枝則爲全長四分之三。

(四)所用之鋏磨之最銳利者爲宜使其切口不裂蓋其法於萌芽之反對四十五度之處切斷之其下部則至木節之上部而終也當其時、使切口不平滑則切口之肉不生害菌寄生之使至枯死可不愼哉

(五)直立枝發生則使芽向內側橫枝發生則使芽向外側以切斷焉

(六)豫防主枝之上昇與下枝之枯死務使生結果枝於下枝焉

(七)不用之枝則可速剪定之以俾枝條之配置有益也

(八)果樹之未至一定結果期者須長剪之以計樹幹根部之發育

(九)樹根之剪定於樹勢強盛之爲當剪時則宜切主根去枯根使側根多出或移植亦可也

前言略記其主要者耳。總之於挾鋏向樹時。就可剪定之枝熟察之臨機處便須解其要領凡剪定法。欲其粗放而作多株不若精密而作寡株之得策關心斯業者。曷審諸。

五十萬言之新聞電報

倫敦電信本局。每日發送之電信。有百六十萬。議會開會中。所發新聞電信之語數。每夜大約有五十萬。其事發達如此。

地下之國

今若曰。地下有都市。則世人概將曰。是虛言也。然於墺領波蘭加里曠。則實有之。乃長幼合計一千人之住民。爲盛大之生活焉。有市廳有教會。此市稱鹽坑市。教會堂有多數之彫刻。皆由岩鹽爲彫刻者。亦奇聞也。

一顆櫻桃値價四元半

今年自美國加里富阿尼亞州新結之櫻桃。比每年成熟早六日。盛以小箱。每箱九顆。此果出路洒撒爾市。及俄俄古。而送于路洒撒爾者。一箱十八元。即一顆之價約二元也。送市俄古者。一箱四拾元。即一顆約四元半。從來櫻桃出于市場者。其價昂未有比于此者。

世界一周之電信時間

於丁抹歌甫阿根之一新聞社。欲試驗各電信線之速度。曾爲一最有趣味之實驗。各以五語構成爲二個電信。其一向東方。一向西方通過世界一周。其結果由東方經上海紐育倫敦者。需三時三十三分而歸。由西方經倫敦紐育上海。需三十分餘而歸。從中電信所經共八處云。

最大之自鳴鐘

美國幾馬幾市之會堂。欲備一大自鳴鐘。現今於孔乃克其加特之鐘表製造會社。製作之。爲現世界最大者也。僅運搬其長針。用貨車一輛。其重量爲一噸之三分之一。長十八尺四分之一也。又其針每一分振動之距離。二十三寸。一日之動。半里以上之比較也。其表面之直徑。二十八尺。而其器械之總量。六噸。

西潼路事欄

留東同鄉會復西潼鐵道籌辦處函

籌辦處諸公執事。敬啓者頃接賜函。并續寄東來章程各件。海外同人。傳誦之餘。旣佩諸公之力兼斯任。又喜吾維之大有其人。且又得賢中丞贊助於上。宏謀碩畫振我全秦此事之克觀厥成匪獨鄉邦之幸西北大局實利賴之竊念西潼路事屢經失敗命若懸絲試一推其致敗之原因前之專其事者不足責矣但以剝床切膚之利害委諸道謀築室之流而坐觀其成敗我鄉人又惡能辭其咎耶往者不可諫矣今者諸君子鑒於大勢之垂危而三秦孤懸之可慮慨然於萬衆驚疑荊棘紛如之際提綱挈領一掃官樣之文字建立商辦之公司此其影響所及豈僅關於鐵道之前途甚鉅自時厥後吾秦人之一言一動能貫厥初終與否將於是卜之諸公旣力爲其難。同人等越在異國。敢不力竭其愚。以作後勁。但茲事體大。有非片語隻言所能磬者而今之所急切不可一日緩者人材是也來函所謂多多益善誠如所云。刻下吾省學習鐵道者只有七人。即使倍之而人人收其効果將來之不敷分配自不待言故目前切要之事總以選派學生來東學習。爲至不可緩。人數至少以三十人以上爲率。夫學鐵道而求於日本已非上乘但爲救急計不得不縮短年限從事於易於問津之處以其爲日短而收效速也日本之鐵道學堂在東京僅有一岩倉近頃則新創有東亞。岩倉乃爲其本國造就鐵道人材而設。（原函有註此從畧）入學者以中學畢業爲合格吾國人之入此者雖不限以中學畢業。然非兩年或三年之豫備。萬萬不能於此校修業。即勉强從事。而與日本人混而爲一。受業之時種種困難。因於學問前途。生多少障害。（凡日本之學校除大學不計外。凡非專爲吾國人而設者。其課程之完密。自不待言。以一施一受之間。無有所謂障礙也。吾國人之言語充分者。入其校而修業。獲益自必不淺。然欲言語能達聽講之目的。已非三四年不爲功。反之則困苦萬狀。雖徒入其校。亦與不學同。耗費時光。貽誤前途。良非淺鮮。）故岩倉一校吾國人刻下入之者甚難。（目前該校亦有吾國學生。但其原來之程度。非在此間二三年者。即在內地有數年之英文研究者。故入該校後得分其力以專心從事於他）蓋以需時過久。且以日語若淺則終年校內所授之課業以隔閡之故不能十分領解也。況即於該校卒業亦非完全專門鐵道之人材（此乃就日本設立該校之程度而言。若吾國目前需才孔亟。能於該校完全修業者已如鳳毛麟角矣。）有此諸原因。吾國人之入此者所以甚少。刻下大半在東亞學習者爲多。蓋東亞乃半爲吾國人研究鐵道而設。內附設電氣工科（此科乃教授其本國人者）該校之課程自不如岩倉。然以吾國人獲益而論。又以欲造就了解大略之人材也。故不如姑舍岩倉而就東亞。非苟爲是小就偷安之計。誠以時事催迫。有不得已之故存於其間也。刻吾國在該校者。約百七八十人。鄂蜀兩省爲多。校之定則。一年豫科。三年本科。合計四年可以卒業。雖不能養成鐵道上充分之人材。然以其教授之時間與其方法障礙較少也。苟能勤於所學一年豫科畢業升入本科後。一面加以實地練習。則其程度已能於鐵道上襄辦一切事業而有餘蓋鐵道乃專門深邃之學。加以語言之扞格。乃以四年而欲盡其能事。勢有不能不得已只以求知其要領之所在將來於事工開始之際處處知其關鍵之所在不至毫無把握仰人鼻息今之所急於求者此種人材而已若夫精於鐵道之各部專門技師自非十年以外不能有成欲造就此項人材與其來日本而仍間接以求歐西之學且受種種之障害斷送無限之歲月而未必有成焉不如逕直留學西歐之爲愈事功浩大將來此舉自所不免但目前需材孔亟只得先派數十人東來學習爲要此間衆議。僉以爲入東亞學習甚爲切便。且各省鐵道上辦事之人材亦多取於此。故奉到尊函。當即詳爲調查。并公同酌議之後。謹撮叙大概情形如上。諸君子旣洞明此爲切要之謀。更望計畫一切商諸當道。能早日遣派東來。即早收一日之效也。再選派學生。多係取於學堂此外尚有就便取材之一法。則留東者刻已有多數指望研究鐵道之學生。只以經費不能長久支持。未得遂其所志。此間商議之餘。又細繹來函。亦似以就便於留東同人中挑選爲便者。若然。則於此間之有志鐵道而力不稱心者。能資助經費。俾得專心向學。抑或與不日由內地派遣之學生歸併一起。作爲官費學生。如何之處。此間只能權其利便。尚望尊處主持一切。是爲至禱。蓋就此間原有之人而從事於鐵道焉則較諸初由內地來者又有難易遲速之不同也以上乃遣派學生與此間入學一切情形至此次諸君子創議以來無內無外一致合謀均以求達商辦之目的爲主旨商辦之目的旦晚果達隨而爲第一着手之方則創立總會是也此會不能成立則創辦人之責任固無由確定而肇造之始公司之章程無從協訂即公司之基礎不能堅凝而根本易至動搖也且在西潼屢經失敗之後無改良之足言有更新之可望如今日諸公所當之局者尤以此爲第一要義故得其要領雖千頭萬緒若網在綱有條不紊後此即有槃錯迎刃而解況入手之初能扼其吭則純粹爲完全商辦公司之行動即因以爲利者欲竄入其中而所不能若要領不得則即擁商辦之虛名而別有主動者把持其間卒至名實兩乖敗徵叠見萬事瓦解雖有善者莫如之何是可爲太息痛恨者也方今吾國之事險惡之象環起叠生全視當局眼明手快急起直追以爲維持挽救之計觀於蘇杭之已事可爲寒心而鑒於川漢內部之糾紛（川漢之事現已經本地紳商起而斡旋一切侵蝕靡爛之狀漸已恢復）則吾鄉今日之於西潼鐵道也爲除舊布新之舉

較他人尤有難焉者諸君子熱忱毅力。聲實交孚。諒必能包舉此事而有餘。同人等自此以後。亦必竭一得之愚。以共相策勵。期底於成。所惜者事方造始。崔公志道遽歸道山。艱鉅之來也有待。人材之殄瘁何堪。重念前途惶悚之至。謹對賜函次復大略。不日同人中即有對於鐵道之建議。再陸續寄陳。茲不贅敘。至遣派留學生一節、千萬望諸君子從速籌維。大局幸甚。

籌辦西潼鐵道處第二次認股報告

西安府中學堂學生

姓名	股數	姓名	股數	姓名	股數
蘆向善	五〇	巨維新	一〇	趙步瀛	一〇
韋　儒	五	呂昌年	一	羅九垠	五
李生芳	五	賈匡漢	五	張丹書	五
陳龍驤	五	胡兆麟	五	常培倫	二
高壽彭	五	王嘉賓	五	孫殿選	五
李來薰	一〇	劉松林	一	崔進升	二
余　璋	五	汪康培	五	袁鴻藻	二〇
李　度	一〇	牛光庭	二	郭映輝	五

西潼路事欄

藺完體 一〇
閔思孝 五
常振南 五
胡佑清 二
張振西 一
楊天佑 二
靳依仁 三

健本兩等小學堂學生

樊樹邦 六
龍潛 五
高維峻 二
王鴻韶 二
紀從金 二
王侗 一
李鴻印 一
焦援 一
涂念曾 一
賈韶 一

耀州高等小學堂

陰德育 二

啓李明 二
曹英俊 四
何樹勳 二
王廷寶 二
李鶴齡 一
李維岳 三
邱鎮坊 四

胡夢鶴 六
鄧克驤 五
吳永德 三
尚登岳 二
王建中 一
王信 一
劉鎮祺 一
焦搖 一
張庚子 一

陰德潤 一

陳思明 五
申學校 二
尚宗璧 二
張志銘 一
倪寬仁 五
靳執中 三
席寶謙 一

王丕顯 六
張裕祥 五
王鴻鈞 二
王存煦 二
張泉孫 一
王顯 一
劉慶生 一
涂繼曾 一
朱祥麟 一

陳立廷 三

陜甘省 二
朱延棟 三
楊學乾 一
馬從善 一
文啓賢 一
楊發榮 一
成德讓 一
成維新 一

陜西新軍第一協第一標第一營前隊

王永錫 五〇
陳定邦 一〇
高倍安 一〇
劉玉祥 五
高登鰲 一
張志雄 五
馮潤福 三
張鳳翼 五
高鴻舉 五
高鴻科 一
劉金海 五

劉奉璋 二
楊光辰 一
張培城 三
杜德潤 一
任惟賢 一
左登第 一
朱光義 一

張韜 六〇
葆鍾 一〇
張生貴 一
揚安升 五
李順海 五
李福生 五
薛彥榮 五
王端盛 一
楊元春 五
南景容 一
汪文魁 一〇

李鵬飛 二
成日新 二
成繼周 二
朱光洵 一
吳國寶 一
朱多壽 一
安維義 一

陳秉壬 二〇
鄧林鎰 一〇
蚩銳銘 一
羅應海 五
景朝海 一〇
郭正芳 二
魏占鰲 二
雷福祥 六
魯璵 五
徐元英 一〇
雷長仁 五

西潼路事欄

孫彥林　一
劉文輝　五
高鵬遠　一
譚照有　一
鍾金城　一
張振中　二〇
王宗德　五
張鳳翼　五
胡鴻福　五

三原宏道學堂自治社

曹世英　一〇
郝祖齡　二
苗秀實　五〇
李經斯　二五
仵如銳　一〇
李中之　五〇〇
范德園　五〇

涇陽高等小學堂學生

馮志宸　一五
薛永德　一〇

李自英　五
馬占魁　一
汪建業　一〇
尹合彩　一
魯全忠　一
楊彥魁　一〇
李自英　五
孟文杰
平安泰　一〇

田增秀　一〇
張念祖　一〇
胡兆熊　五〇
龎克敬　五
張鑑堂　五
王敬新　一〇〇
蔡屏藩　五〇

孟質彬　一〇
許潤芝　五

張俊杰　五
郭永杰　一
王志龍　一
袁平仲　一
張振海　一
鄭有屏　二
馬升元　五
閻志清　五

井養清　二〇
范　爲　五〇
韓保極　一〇
楊汝翼　一〇
黨在洲　五
曹夢九　一〇〇
卓　立　一〇

李仁基　五
李　瀛　一〇

李福印　四
席枌垣　二
王安禮　三
賈自章　二
駱文炳　一
佘海廷　二
梁古標　二
王朝瑞　二
江德明　二
牛占魁　一
郭式魁　一
尙樹林　一
王熙升　一
李郁輝　一
張鵬程　一

新軍步隊第一標第一營右隊

崇　延　一〇
王輔清　五
杜起農　二
袁堪魁　一

賈瑞龍　五
王席珍　三
李　緘　三
韓性善　三
許經邦　五
閻來春　二
趙青山　二
黃立中　二
韓萬魁　二
常　鳳　一
王述興　一
張鳳紀　一
戴漢章　一
王常禰　一
趙明珍　一〇
曹國光　一〇
吳東生　一〇
鞠正魁　二
張全福　一

李維琰　五
薛應庚　四
駱安堂　一
田　藩　三
駱金芳　一
張信定　二
劉古英　二
劉奇宗　二
楊國棟　一
佘勤藏　一
王耀堂　一
閻攀桂　一
張福魁　一
張生榮　一
梁仲杰　一〇
呂宗望　一
汝錫榮　一
曹得彪　三

西流路事欄

張福祥 一
高彥清 五
郭保障 一
劉芝蘭 一

又附新軍各名

王大魁 一
張汝盛 三
劉萬杰 一
張懷德 二
薛占魁 一
崔占彪 五
馬鴻飛 五
田振元 一
袁金彪 一
柴得勝 二
鮑恆太 一
姚登高 二

新軍一標一營左隊官兵

張金森 二〇
炳 順 一〇

張清林 一
朱德昭 五
燕云升 一
王彥英 一
馬銘式 五
藍世平 五
楊換章 一
劉永福 二
蘇德新 五
趙上魁 五
傅成瑞 五
陳鴻鈞 三
楊清棟 二
張彥升 一
尚 志 一
王占喜 二〇
文炳還 五〇
曹執中 一〇

胡萬魁 一
姜鴻勝 一
朱寶林 一
馮振英 一
劉志彥 二
郭彥彪 二
楊發生 一
孫彥彪 五
陳廷魁 二
周世明 一
王廷柱 二
景介福 一
譚得鴻 一
王國平 五
梁玉善 五
甘錫澤 五〇
自順洛 一五

王古彪 一〇
陳志貴 五
王鎮藩 五
揚寶成 五
馬維駿 三
趙延德 一〇〇
庹乙酉 一〇

咸寧縣

劉駿聲 三〇
永祺堂 四〇
陳維新 一〇
張鑑涵 五
姚清華 五〇
董椿蔭 一〇
朱得康 二
李友蓮 一〇
王懷信 一〇
張澄清 一〇
陳 壽 一〇
王堉祥 五

馬鳴海 五
黃正恆 五
胡克勝 五
吳古彪 四
何彥龍 三
何順天 三

姜秉離 五〇
何自修 三〇
王永福 一〇
雷振淼 一〇〇
吳永英 二〇
李元貞 五
趙銳清 一〇
復興恆 五
韓平璋 一〇
吳作霖 一
張世德 一
王大錫 五

趙廷璨 五
桂 蟾 五
葛雨清 五
王建輝 三
徐俊岳 三
庹續祖 一〇

東來齋 三〇
王席珍 二〇
周鳳岐 五
鄭有屏 二
方三元 二〇
張 祥 五
黃天智 一
李生春 二
施德堂 五
李春山 五
王維中 一〇
吳禮思堂 五

西潼路事欄

王貞吉 二〇
和尚常灯 一
邢家均 一〇
侯文濱 二
朱梅林 一〇〇
陳慶餘堂 二〇

鄠縣
王恒普 五〇〇

洛川縣
自建勳 一〇〇

岐山縣
羅葆鴿 一〇〇

平利縣
劉式金 二〇〇

郃陽縣
呂[illegible]偕 一〇
楊毓華 二〇
曹炳文 五〇
李自端 一一
屈星恆 一〇

瞿文元 二
周鳴岐 一〇
吳文安 二〇〇
侯[illegible]璁 二
劉志剛 五
王竹平 一五
褚殿元 一〇
席文林 五〇
王相斌 五〇
韓振邦 二
李瀛洲 一〇

李德潤 五
呂誠周 一〇
辛[illegible]泰 二
王廷傑 一〇
陳濟正堂 三〇
侯銘佩 五
鄧勳臣 一〇
楊樹聲 五〇
呂鏡堂 一〇
孫過塑 二
李僑濤 一〇

楊祥亭	一〇
雷雲階	一〇
三原縣	
蘇成禮	五
黃燕安	二〇
王昌太	五
王福泉	三〇
乾州	
李蔭唐	四
趙進修	一〇
王樫	二〇
杜儆	一〇
正黃紅旗	
倭代琿	五〇
培海	一〇
山西省	
安邑張萬福堂	一〇
永濟趙廣榮	五
張輔臣	五
滎河趙改過	五

楊邦侃	一〇
黃聲齋	三
李子厚	一〇
王昌裕	五
徐余珍	二〇
何星聯	一〇
梁守興	二〇
陳安禮	二五
劉明軒	二
定倫	六〇
馬名驥	二
臨津王繼槐	二
宋積秦	一五
王九印	五

張正必	二四
王維楷	三
范百順	一〇
張登枋	二
徐友淑	一〇
李泰官	一〇
吳鴻福	一〇
三成湧	五〇
庭訓堂劉	一五〇
訥爾琿	一〇
絳州甯世賢	一〇
范朗軒	五
吳錫貴	五
臨晉宋蔭普	五

西潼路事欄

韓城縣

薛偷若	一
張文燦	一
張季芳	五〇

郿縣

程懋德	五〇

醴泉縣

劉邦煜	三〇
關長発	五

咸陽縣

程憲章	二〇
西成興	四
〇〇新	八〇

安康縣

韓靜菴	二〇
李如白	二〇
陳振鐘	二〇

富平縣

劉天恩	五〇
劉錫銘	五
楊彥魁	一〇
張兆組	一〇〇
紀肇新	四〇
田寶康	四〇
田太夫人（寶康母）	一〇〇
韓哲臣	六
樊永秀	五
紀馮氏女士	三
紀正明	五
紀桂琴女士	一
紀寶雲女士	一
紀維棟	一
武廷棟	三
何銘軒	五
華思敬	五
常吉慶	三
王文炳	二
師　楨	三
張寶臣	五
龍之昇	五
張瑞昌	二〇
張老太太（過志母）	五
張過志	二〇
師守道	二五
師存粹女士（守道女公子）	五

西流路事欄

姓名	數目
張森	五
韓鑑堂	一〇
崔勵行	五
郭振安	一
劉汝南	五
蔫清鑑	一〇
蒲藴德	一
穆芩女士	六
楊岱森	五
張純瀚	五
澄城縣 趙邦楹	二
福建閩縣 陳肇棨	五〇
朝邑縣 謝少墨	五〇
周竹軒	五〇〇
何乾一	五〇
方正乾	一〇
王穎初	一〇
王彥俊	五
劉天恩璮	五〇
張廷棟	一〇
張殿文	五〇
劉毛氏女士	五
齊承先	五
田生輝	二
劉申君	一〇
張桂林	二
趙金書	一
韓壽昌	一〇
李凌閣	五
倡鐘堂	一五
杜恭祥	一〇
王定時	三五
哈竹主人	一〇
張麟瑞	一〇
郭應春	一〇
張廷懋	一〇
張龍氏女士	五〇
呂凌辰	二
尙清臣	二
楊維來	四
楊懷生	一〇
張聘三	三
米文欽	二〇
楊維清	四
李清壽	五
聶錫類	二〇
席平軒	一
嚴德新	五
致敬齋	一〇

西潼路事欄

加康策	五五
嚴當新	二
王存質	五
敏事軒	一〇
愼始堂	一〇
捫心室	一〇
渭南縣	
達潤亭	五〇
寇德超	一〇
呂笨山	一〇
上海	
葉永侃	二〇〇
紫陽縣	
單炳南	一〇
藍田縣	
閻培棠	一一〇
劉儒卿	五〇
甘肅省	
安化惠材	一〇
寧州王百忍	二〇
敏行所	一〇
嚴將若	二
官惟一	一〇
又新館	一〇
李忠俊	五
清室女史	五
柳惟愷	五〇
四聲堂沈健甫	五〇
程鏞銘	五〇
席廷治	一
成振忠	一〇
中衛梁筱山	五
嚴從新	二六
王湛露	五
維新堂	一〇
謙吉堂	一〇
裴岑氏	一〇
可居閣女史	五
王殿甲	五〇〇
种謹菴	五〇〇
趙忠祥	五
謝文淵	二
安定史曉霆	一〇

浙江仁和
錢立仲 五
米脂縣
劉惠[illegible] 五
長安縣
相健 一〇〇
新成祥 一〇〇
敬興成 五〇
萬興德 一〇
趙河清 五〇
沈蔚如 五〇
李焯 四
西安照相館 五〇
福興德 五
春泰和 二〇
張鶴齡 一〇
臨潼縣
胡煥章 五〇〇
高錦棠 二〇〇〇
武功縣

永成德 一〇〇
復興德 五
張天貴 五
張建元 一〇
三義堂相 五〇
王怡然 五〇
李德馨 二
禮義成 五
張潤泉 一〇
米蔭軒 五
劉雲瑞 二
鄧憲德 五
曹福瑞 二〇

濟豐厚 一〇〇
敬興魁 五〇
潘幼餘 五〇
〇〇周 二
張寶森
張榮春 一〇
寶豐泰 五
蔣壽萱 二〇
劉生芝 一〇
務本堂王 五
張如梓 二〇

西潼路事欄

吳得鉢	三〇
郭文滋	二〇
西鄉縣　羅耀斗	一五
商州　陳步蟾	一〇
洵陽縣　李元藻	一
淡陰廳　薛秉森	五
大荔郡　李芳	一〇〇
張子潔	一五
張星極	二〇〇
張鳳祥	一〇〇
洋縣　〇〇〇	五〇
華州　閻煥璋	五〇〇
閻禮南	五〇〇
黨維新	五
薛晉封	一〇〇
趙虎臣	五
劉鎮家	五
略陽劉宗向	一〇〇
張子明	一五
雷致鑫	二〇
雷杏初	一〇
楊懷銀	五
侯月亭	一〇
黨維新[illegible]	五
綏德延成章	一〇
湯鴻猷	一〇〇
張永吉	二〇
雷宗鑫	二〇
鄭弓長	五〇〇
趙曉峰	一〇

全盛堂金 二〇
興平楊炳光 五〇
石泉縣
〇〇〇 五
高陵馮毓瑞 一〇
湖北黃陂
陳淡卿 一〇
褒城羅銘榮 二〇
華陰張星燦 一〇
洛南王子彝 一〇
沔縣向熼 五
蒙古旂海籌 一
蒲城李鼎彝 五〇
高陵周天赦 五
潼關陳曉先 六〇
永壽邵化遠 三〇〇
直隸張強 燕翼堂李榮緒 七〇
白河縣
王島 二五
熊永福 五〇

忍讓堂王念祖 一〇〇
易新銘 六〇
曹延齡 一〇〇
總派報處 一〇
冀坤元 二
陳老太太（國義之母） 一〇
三成恆 五〇
呂桂芳 一〇〇
熊永祿 五〇

扶風胡從〇 一〇
三水蒙闓亭 二〇
直隸通州于三輔 二
李炳泗 一〇〇
黃汝金 五〇

西潼路事欄

馮長庚　五〇
袁先明　二五
衛世祥　五
耀州
朱應離　五
涇陽洛紹謨　一〇
三原李積厚堂　五〇
劉　績　一〇
通順積　四〇
續認西潼鐵路股份名單
咸寧縣
劉璇聲　二〇
三水秦受謙　一〇
咸陽姜秉離　五〇
鄠縣王攸晉　五〇〇
渭南縣
韓天僧　三〇〇
李雲岑　二
富平李仲祺　五
盩厔

柯　蔭　五〇
羅學梧　二五
王遇濤　一
盧晉生　二〇〇
張峻德　五
張省之　二〇〇

袁先澤　五〇
柯　藎　五〇
王兆豐　一
沈雨濃　五〇
田雨亭　五〇〇

楊日新 二〇 王煥章 二〇 黃耀裳 五
王有春 一
華陰唐秉鈁 一〇
山西臨晉衛原信 一〇
洵陽桂怡清 一〇〇 張煥然 五〇
平利劉式金 一〇〇
潼關汪文魁 五 雷長〇 三
朝邑縣
段古勝 二 鄧林盛 一〇 王鼎壽 二〇
扶風趙東海 一
郿縣張鳳紀 一
鳳翔陳德 二
華州何彥龍 二 張茂堂 二
商州金玉崑 一〇
臨潼孫秉彥 一

◎擬立陝西商務總會公啓

敬啓者方今商戰孔急。外人日挾巨資。來拓商埠。攘奪我利權。箝制我生路。我商勢渙力薄。猶復同業相傾。各行互軋。於商務情形。概不知幷力研究。每多冒昧從事。幸而勝則自矜億中。不幸而敗。則委之氣數。情見勢絀。萬不足以圖振興而資抵制。朝廷有鑒於此。特定商會章程。勸諭各省。提倡設立。以期聯商情開商智。保商業。此誠秦漢以來未有之曠典。正我商振興之轉機也。東南各省。紛起興辦。總會分會。嗣聯成立。影響所及。成效昭然。我陝復缺然獨後。厥其理由。大抵慮會成而後。地方官或因而干涉之。害且日滋。利於何有。此不知商會性質者也。按商會章程第七條及第十六條。凡商人有不能申訴各事。商會於地方衙門。有代為申訴之權。如設聰斷未盡公允。商會據被屈商人之稟告。有代為伸理之權。如不得直。或權力有所不及。有稟告商部聲請核辦之權。又商部頒發商會理結訟案格式。凡各業錢債訟案。商會得秉公勸諭理結。照式塡註。稟報商部。是國家既確與我商以完全自治之規則。地方衙門亦因此減案牘之勞。意美法良。官民幷利。猶懼干涉之難免。誠可謂過矣。往者商務官報之言曰。我國未立商部以前。官與商不親。或從而斥之曰奸商。士與商殊途。且從而賤之曰市儈。夫奸商市儈之名。我商人甯甘受之。亦其勢無由自振耳。今者許我以自籌保護矣。豈我以自講開通矣。勗我以自相聯合矣。而我仍伈伈俔俔。尚復何說。惟祈領袖諸公。邀約本行各舉代表。定期於五月十二日。在三晉會館商議組織總會。稟請奏咨立案。實於商業前途。爲益無量。不勝迫切待命之至。

洋布莊
當商
發起人 票莊 公啓
錢莊
廣貨莊

◎訪事數則

●商會萈成　陝西商會之議。自去歲錢商鄭君吉甫發起。一年之久。罕有應者。近聞農工商務局總辦張道守正入告中丞。擬照河南例。由官督辦。商界中人聞之。知事不可已。與其假手於官。何如自辦之爲愈也。遂申前議。由省城錢、票、布、當、京貨各行發起。定於五月十二日在三晉會館開會。先於省城立一總會云

●夜學堂之先聲　陝西教育總會編輯員李桐軒先生等發起。擬在本會事務所附設夜學堂。專收勞働社會中人。教以習算識字外。又添授官活字母。使之速通白話文字。所有教員。由常川住會之職員擔任。現已出條招生。不日即可開課。

●實行禁烟之官吏　自禁烟之令下。省城驟然。鋪店各商。常有風聲鶴唳之驚。巡局中之貪吏蠹役。籍此勒索詐之事。屢有所聞。端陽前一日晚。有巡局某委員。突入西街恆德樓銀匠鋪。搜出烟具一付。委員即向

舖長宣言。汝願打耶願罰耶舖長叩其二者如何答曰願打。須受笞一千若願罰非五十金不可舖長認罰即交半數委員欣然受之不意該舖長甚黠委員甫去即囑舖夥控之巡局該委員因是撤差

●省視學專在塡表　陝提學余上年奉學部發下各種表式。派員分路察視塡表。亦未始非辦理學務之補助機關。故各處學堂聞省視來。有紛々傳從學生充數者。有舖張表面敷衍者。有從前謊報臨查恐懼者。不謂視學員旣來。宣告於衆曰。我非察學。專來塡表。而一般有名無實之徒。前之恐懼不安者。今大放寬心。於是酒食徵逐。欵洽委員而已。吁。省視學玩學務如此。實爲秦中特產。

●省城衛警衝突　三月十八日。恩撫傳見錫廉訪。責以警務不發達之故。廉訪退而責警務總局各員。而警界人員僉謂陝省巡警。從此死灰復燃矣。乃十八日。有撫院衛兵在街溲便。巡警禁之。不服。扭局中。斥衛兵回營。竟糾合多人。直入局內。將巡警扭住毆打。巡官見勢甚凶。勇退避三舍。錫廉訪聞之。大怒衛兵。恩撫聞之。又大怒巡警。幸經某觀察兩面敷衍。彼此不究。糊塗了結。夫省城巡警學堂開辦兩年之久。學員學生四次畢業。而局內雜亂無章。如故。闒冗無紀律。如故。學堂教習或分黨類。或懷意見。或領薪水而不上堂。或畏上堂而託有病。或打麻將。或宿土娼。種々怪象。薈萃一堂。風潮之起。時有所聞。省城巡警慣起衝突。想由學堂傳染而來。

●鳳翔學務之萌芽　尹太守昌齡。自丙午六月到任。即注重學務。每日親詣堂內。振理一切。現在中學生共有四班。建築及學科。一遵定章。附設師範傳習所。照簡易科辦法。陸續畢業兩次。分派各縣。改良高初兩等

小學堂。郡城內公私捐立初等學堂十餘所。一遵教授新法。又創立女學堂三所。以爲女學先導。現又由浙江蠶學館聘來章史兩君。教授蠶桑學生分完全簡易兩科。此外每逢四鄉會場。（鳳俗好迷信迎神賽會多甚）帶同教育會紳董苦口演說。其宗旨以興學養蠶戒煙天足爲四大部分。故秦中外府學務。萃推鳳翔爲最云。

●鳳翔工藝廠開辦　郡城自去年改良警察以來。地方安謐。宵小斂迹。惟鳳民多染鴉片。習於苟安。沿街乞丐。幾有誅不勝誅之勢。尹守彭令乃於東關巡警分局內建築工藝廠一所。收養游民。使之習藝。刻下各街乞丐。爲之一空。商民深喜拔去眼中之疔。群以爲快。惟開經費支絀。尚待設法籌劃。

●打燈快事　郡內城隍廟。廊宇宏敞。塑有偶像。速報司。（本地呼爲速爺）青臉長牙。形極惡劣。而鳳民奉之過於城隍。平日鄉鄰有門。大半不訟之官而訟之速報司者。每年三月廿五。爲速爺大會。附近州縣男女跟會者不下萬人。尤可歎者。當逢會前一夜。名爲煖壽。老弱男女各帶鴉片煙具。廊簷殿宇。擺設迨遍。顛男倒婦。混雜無倫。尹守稔知惡習。先飭縣令出示曉諭禁止。而一般煙鬼。視爲具文。擺設煙燈如故。正當芙蓉花放。煙興濃時。突有巡警局某君。帶巡警數人。出其不意。煙燈煙具半爲敲碎。既可實行禁煙之令。又可破除愚民之迷信。一舉兩善。洵稱快事。

◎秦中二道之言行

●候補道徐　氏嗜洋烟。喜吟咏。寵妾某氏。奉之若神。聖言听計從。不敢稍有違忤。甚至毆打嫡妻。習爲常事。委收大慶關釐金局事。均由妾作主。與司事書辦串通賣放中飽約二萬餘金。曹撫聞之。囑兩司致函告誡。

否即指名奏參。因年滿交卸回省。遂罷議。

●候補道文　氏。性仁慈。饒有識力。光緒三十二年。西同各府百姓因路捐練費器。客匪乘機肆劫。官吏于事後妄拿無辜良民。爲誘罪計。文奉委赴同郡會訊。悉其冤抑。當堂釋放者數十人。曹撫聞之怒曰。不殺人何以結案耶。遂密札文於現拿百姓中。無論是匪非匪。每縣速殺一二人消差。以便揑情入奏。文不得已遵札照辦。而心常怏怏。歸省每語人曰。吾此次甚不値矣。

◎夜學堂招生廣告

教育是本會專辦的事。因鄉下學堂不盡懂得敎法。所以出了一種報。想得鄉裏人都能看報。所以報內特立了白話一門。今又恐不識字的人。白話也看不下去。所以要設這个夜學堂。專敎不識字的人識字學算。夜學堂只有兩點鐘工夫。認字又嫌不快。所以於寫字習算外。特添官話字母一門。凡窮人念不起書的。白天要做小生意。晚上都可以在本會上學。再把這事的規程給大家說明。

一這學堂是單爲窮漢開的。只敎寫字打算盤。能算淸眼前的帳。能看明白話報。就叫成了。

一官話字母是京城裏一个人做的。敎不識字的人。不用一月就學會了。這是莊稼漢半路地認字的頂快的法了。都快來學。

一本學堂限初上燈的時候開課。兩小時下課。燈盞桌椅都已齊備。決不要學生出一个錢。

一本學堂功課有定時刻有定。敎員無定。總不能敎躭誤。凡願上學的。趕緊來教育總會報名。只够五六个人。

即速就要開課。

教育總會同人啓

時事彙録

◉列强時局一覽

●擴張中國航路(日)　日本大阪商船會社及日清汽船會社屢開會議合資推廣上海大連及香港汕頭粵省等處航路日昨有友自大阪來函述及此事略謂中國如此地大物博不能聯合創立公司推廣滬上大連香港汕頭及外洋各口岸航路坐視外人經理利權外溢奸宄易生故近來日本大阪商船會社與日清汽船會社議决興辦此事矣

●反對新法鐵路(日)　二十一日倫敦電云星期四日英國日報刊有長論深嗟日人固持反對新法鐵路顯阻滿洲之開放內分各節其題爲(日本反對英國事業)(倫敦之憤怒)(英國在華利益與日本利益之爭)

●擬開東亞航道(俄)　日俄一役日人崛起稱霸東亞佔領朝鮮掌握薩哈連南部之管理權于是使俄羅斯與海參威之通道更轉而繞薩哈連以南玆者俄人仍欲設法由其北部與海參威聯絡故議定自俄人諸

電獨於一八七八年所發明之航道重行研究不日即當派艦二艘前往勘測并因際冬時該處堅氷不解妨阻船舶之往來擬于新乘勃爾建設氣球及無線電以便考查其原由而後如於夏天通航便利則運往海參威之糧餉其路程當縮短三分之二俄人爲保略近東土地計當於此得益匪淺云

●注意中國航業(俄)　二十五日東京電云俄國議院預算委員決意津貼上海至海參威之航業惟前有入議請津貼來往日本致賀至海參威航業一事則已駁退

●售賣東清支線之風說(俄)　大阪每日新聞云據英國某某兩報所載謂俄國有將哈爾濱寬城子間之東清鐵道賣與日本之說據是則俄人將漸次引退於黑龍江之北方矣

●法國騷亂要聞(法)　初七日倫敦電云法員特萊番斯君發議將著者愛密爾淑萊君之遺骸移入配西奥祭堂而反對此事者頗不乏人新聞記者葛萊高里君於特君祭畢出堂時以手鎗向轟傷其手腕是日早晨拉丁市一帶騷亂殊甚亂民被拘者共有二百餘人是時特君並經衆圍攻險遭不測大總統斐里歐司亦爲離祭堂以避危險聞亦受有鎗傷巴黎全城現對於此事騷動異常

●日人至今尚欲推廣粤垣航路(日)　日本大阪商船會社及日新流船會社現商議合設輪船一道來往上海大連灣並欲推廣香港汕頭粤垣三處航路云云

●英國海軍大操(英)　三十日倫敦電云西六月三十號英國艦隊擬在北海大操現已預備一切共大小戰艘有三百艘云

時事彙錄

●禁止華人入境（坎拿大） 初五日倫敦電云泰晤士報溫長武訪事電稱此間中國商會因坎拿大工部副大臣曼旨齊京提議華民現入坎者絡繹不絕務須再申禁令故電告香港商會勸日華人前赴英屬哥倫布並通告中國各通商口岸

●普羅士社會黨得勢（德） 初六日栢靈電云普羅士國會近舉行選舉各黨勢力皆有變動社會黨亦獲數席該黨之充國會議員以此為首次云

●偵探印度革命黨（印度） 初三日倫敦電云紐約報載英國偵探今在紐約蹤跡印度革命黨舉動聞蘇格蘭及愛爾蘭諸黨亦與聯合云

●美國防察無政府黨（美） 初八日舊金山電云美國總稅務司米伊已命各處郵局留心防察無政府黨郵件

●美艦赴東（美） 初六日紐約電云美政府因東方艦隊之勢薄弱特派曼恩及阿拉排瑪兩艦開赴東方已於星期一日起碇

●英擬添造戰艦（英） 十四日倫敦電云日日新聞接樸資茅消息謂一俟新戰艦聖維森於西十一月間落水後即擬預備更造他艦此艦載重二萬〇千噸所裝大砲為十三寸半口徑云約須用煤氣機器以免裝置煙冲估計建費約英金二百二十五萬磅云

●英國預防印亂（英） 十四日柏林電云英國印度大臣馬萊近在印度行政俱樂部宣言英政府現於印

務設備已妥即印果爲亂殊無足張皇云

●法報之言論（法）　十五日柏林電云法國臺姆泊司報載稱中國據守南方邊境一帶山嶺殊與越南有礙該報及費格洛報皆要求中國對法美意之確証而費格洛報並主張更變法國在東京對華之狀態

●英俄互保波斯（英）　十四日柏林電云據俄報載稱英俄決意互保波斯之完全獨立並望各國能協同辦理馬其頓問題云

●法簡越南總督（法）　十四日柏林電云據法國官報載稱法政府已簡法國埃及總領事克洛浦君爲越南總督

●英航輪之速率（英）　十五日倫敦電云英國克倫特郵船公司之航輪羅雲臺里號已抵塞台通計此次越過大西洋僅需時四日二十點零八分鐘耳

●英艦覬伺江西（英）　日前護理江西巡撫沈中丞電致外務部略謂現有英艦一艘堅欲要求進口管緝電飭台官及江亨輪船管帶照約拒止奈彼等置不理刻聞已駛到省除俟晤該艦管帶官力爲辯論外務請照會該國公使轉爲阻止嗣後不得如此舉動以免滋生事端現外部正在與英公使交涉此事

●法政府擬購飛行器（法）　初二日倫敦電云美國空中飛行器發明者維爾勃爾萊脫已抵法國與法政府商榷出賣空中飛行器事宜並已預備試驗一切

●火車炸燬（印度）　二十五日倫敦電云印度東班貢火車行至勃萊克帕附近爲炸彈爆燬一部分歐人

時事彙錄

受重傷者兩名。

●日奪韓國皇室私產(日)　西報載十九日東京電云。高麗皇族一切私產改爲國家公產。惟留太上皇及今皇之各宮作爲御座

按韓皇宮內省所用連私產所入每年約得洋四五百萬元。其私產之內有貴重礦地甚多。今皆爲日本所得。亡國皇室之末路如是而已

●波斯內亂日急(波斯)　十一日柏盛電云。波斯王之兵隊已向德黑蘭進發。朝內顯貴之被逮者甚多。議院仍有危象。守舊黨諸員已簡爲各省總督。德黑蘭地方皆謂俄兵行將入境。

●俄京暗殺(俄)　初四日紐約電云。俄國大將加布苦夫刻在俄京被人刺斃。

●高麗日報停刊(高麗)　初五日東京電云。高麗日報業已停刊。顯因財政支絀之故。皮塞爾君亦不復充當韓文報之主筆。

●俄皇險遭暗殺(俄)　十四日倫敦電云。俄皇近在某處險遭暗殺。

●菲列濱要求獨立(菲)　二十二日紐約電云。菲列濱議會已批准要求即行獨立之舉。

●高麗新聞記者犯罪(高麗)　二十日東京電云。高麗日日新聞兼股東裴塞爾君被控一案。昨日已在漢城審畢。受判在即。聞裴君有韓太上皇曾用御璽之公債甚多。

同日又電云。裴塞爾業已定讞。監禁三星期。此後則由警察看管六個半月。

◉內國新聞誌要

●政界

●中國聘用外國顧問官（北京）　初九日倫敦電云據倫敦中國使館宣稱華爾脫君巳經中政府聘爲顧問官其被舉之故及所司職務尙未詳悉

文匯西報云自華君爲中國顧問官之消息抵滬後滬上西人亦莫或知其舉用之故及其所司之職或謂將繼任海關總稅務司或謂將駐上海以便襄理中外交涉衝突云

●禁止洋員入境測繪（安徽）　皖撫頃准部咨以日前東三省有日員某假以遊歷爲名測繪地勢用心叵測有背條約特通行各省申明舊章凡遇洋人入境遊歷只盡保護之責關乎形勢險要一槪不准測量繪圖即有可以測繪之處亦須由地方官報部核奪藉示限制

●政府專橫之手段（北京）　政府諸公以現在各省紛紛要求國會無法對付擬電飭各省疆吏務必實行集會結社章程儘力施以制限云

●條陳停借外債（北京）　聞日昨傳侍御壽條陳政府略謂現在賠款外債每年勻還約在二千萬上下籌備已十分爲難而外省督撫大吏不體時局之艱危凡舉一新政每以籌借洋債爲請不但本息愈積愈鉅且不免多生枝節請即電飭各省督撫嗣後無論何項要需均不得籌借洋債以挽利源

時事彙錄

●間島問題急矣（滿洲） 吉撫朱中丞派新軍步隊一標前往間島內有一營於四月廿七八兩日已拔隊前往現該隊陸續前往間島俟到齊後須分駐延吉廳琿春兩處聞調派軍隊之說琿春副都統陳昭常等久已提倡惟日本人之方在間島設官駐兵以實行侵奪其命運亦甚危急矣

●法國要求各款（上海） 文滙報載法文報電云法國因雲南華兵擊斃法員特向中政府要求各欵一懲辦肇禍者及煽惑者 一撤退雲南總督 三賠欵 四雲南法國各種權利之保證

●電飭測繪三門灣地圖（浙江） 陸軍部致電浙撫云浙東甯台毗連之甯田島俗稱三門灣者久爲外人覬覦現値興復海軍此地尤關重要前雖測繪水道亦嫌略而不詳著該撫速派員測繪詳細水陸形勢精圖呈遞到部以憑察核

●政府反對議會之言論（北京） 某大軍機嘗語僚屬云方今人民請願速開議會干預政權若從其願結果不過爲間接之革命適以張逆黨之凶燄而已人但知妄唱革命邪說爲悖逆不知假名立憲陰行逆謀其心尤爲叵測云一時京師官界競爲傳說請願開議會之失敗實由於此

●政府謝法國助勦亂黨（北京） 文滙報載法文報電云中政府因邊界華兵肇禍特向法政府道歉並謝法政府助勦亂黨之恩意又請法國准其派員至肇事地方查勘一切此請雖過遲然法政府業已認可矣

●革命黨越界（雲南） 文滙報二十日倫敦電云巴黎接西貢電稱有中國革命黨兩隊在老開越界現已派大兵前往解散

●懸十萬金購孫汶首級（北京） 十六日北京函云軍機處昨有電旨寄交雲貴總督兩廣總督着懸賞十萬金購孫汶首級

●荒旱之亂機（甘肅） 蘭州函云蘭州天旱不雨已經數月黃河水枯極水車不能動難以滋田山溝中水小者斷流大者水難接濟田中各處穀米與菸葉均不能栽種即秋田亦有失望之象鄉民因天旱官不爲理將各處電桿已拔官正在調兵查辦素性剛惡之升允又不知殺戮幾何人命也 又云甘肅連年不收官吏均置之不理今歲其尤甚者聞沿邊居民逃往俄國者甚多云

●偵探機關之緊密（北京） 北京城始則由民政部奏設探訪局專司訪拿賊盜自高爾嘉之案出民政部又奏設稽查緝捕總局專司偵探密謀暗黨現在那中堂因聞有革命黨潛入內地之說故亦奏請由步軍統領衙門設立偵探公所編列偵探隊而順天府尹亦欲設立順天探捕局故偵探人員極多但皆於偵探學問未經講求頗難收效故民政部步軍統領順天府等於十二日會議擬奏設偵探學堂一所於北京造偵探之才云

●甘督升允將開缺有起用岑西林信同上

●升允開缺恩壽極力運動欲得甘督同上

●政府議設新疆西藏邊務大臣同上

●學　界

時事彙錄

●張中堂熱心興學（北京） 張中堂催辦大學甚急欲於明春開分科曾向人云予朝見大學分科成立夕死可矣故大學堂劉監督現正籌畫此事擬明年先就舊校開辦四科其學生由豫備科升入者仍用西洋教習由師範科升入者用東洋教習至新校地址決定在德勝門外已丈量蕆事擇期開工矣

●預儲提學使人才之計畫（北京） 聞學部各堂會議各省提學使負有全省學務之責關係最重亟宜選派得人以資提倡現擬將司員中凡由進士館畢業曾經留學之編修等員隨時體察如有學識堪勝提學之任者遇有缺出即將該員開單請簡以重學務

●海軍學堂之籌畫（北京） 鐵尚書原擬將兵學館改建海軍部衙門後因地勢狹隘復擇定陸軍部東隔壁穿堂府地尚稱合用現將鳩工建造聞某軍機提議擬在兵學館內附設海軍學堂云

●籌設海軍船政學堂之計畫（北京） 探聞政府諸公近日集議為籌設海軍船政學堂事宜擬商江督端午帥在南洋各處先設船政學堂以造人材所有應用經費暫由各海關就近匯撥將來籌有的欵再行撥還確否俟訪續登

●培植蒙藏教員（北京） 政府以經營蒙藏須先從教育入手擬選優級師範畢業生學習蒙藏語言以便派充蒙藏教員聞此議某相國極力贊成

●組織教育俱樂部（貴州） 貴州省城各學堂教員與凡學界中人現擬設一俱樂部以為星期休息之地陳設各種游戲器具及音樂圖書與一切美術品物此舉有數善存焉（一）舒暢精神（二）聯絡感情（三）闓

地方文明事業之進步聞贊助者頗多現在擇地不日即當舉行

●學部强迫敎育章程(北京) 學部通咨各省督撫云現在預備立憲非敎育普及不足以養成國民之資格玆特厘訂强迫敎育章程十條通行各省以期實行今將所頒章程錄下(一)廣設勸學所(二)各省城須設蒙學百處學額以五千名爲率(三)各府州縣須設蒙學四十處學額以二千名爲率(四)各村須設蒙學一處學額以四十名爲率如零星小戶合數村爲一處亦可(五)幼童至七歲須令入學(六)凡有紳董熱心提倡多設學堂者分別給獎(七)幼童及歲不令入學者罪其父兄(八)以學堂之多寡定勸學員之功過(九)各府廳州縣長官不認眞督率辦理徒以敷衍了事者查實議處(十)各學設定後每二年由提學使考驗一次

●女學起色(平江) 平江縣風氣閉塞學堂甚屬寥寥至於女學尤無人過問前歲凌君儀及其夫人李女士樵松由東返國慨女學之未興獨捐資本創辦啓明女學旋因經費困難極形棘手賴凌君夫婦合力維持得以繼續辦下至今歲復大加改良全堂學生共五十餘人本科二年卒業附設手工科一年卒業監督爲李樵松女士監學爲高根女士敎員則閔邑李積瑛舒蘭黃澹羅琦易琳諸女士也諸女士敎授熱心學生之進步甚速前凌君在鄂禀次師批提平江賓興公平二款補助該校此後若得提學使司及平江縣令實力提倡仿撥此款則前途發達正未可限量也

●實業界

時事彙錄

●條陳籌辦西北鐵路（甘肅）　新疆知府趙惟熙條陳西北鐵路急宜籌欵興築。其興築之法。由張家口至歸化廳爲一路。再由歸化廳至甘肅蘭州爲一路。又由潼川至漢中府。再由漢中府至蘭州爲一路。又由蘭州至新疆迪化府。再由迪化府至南路疏勒府爲一路。新疆煤礦五金。甲於各省。非開通鐵路不足以闢利源。又請在天津建一鐵路學堂。在太原建一鐵廠。庶幾工料人材。均無需仰人鼻息。以利交通而資運用云云。嗣經陝甘總督升允據情代奏。奉旨交郵傳部議奏。

●咨查蒙地礦情（北京）　頃聞農工商部。決計將蒙地礦政。切實振興。擬於日內咨行理藩部。通咨內蒙古將軍都統辦事大臣。迅將所屬境內一切礦政情形。詳細查明。剋日咨覆。至礦政調查局是否已經設立。一併聲明。以憑該辦。

●郵部對同蒲路之熱心（北京）　山西同蒲鐵路。近將開辦。至今所收股本。及開支各項冊籍。呈報郵部。陳尙書飭司員校閱之下。知該路全恃畝捐。現在畝捐既提作贖回晉礦之用。則此後來源已竭。查核收股冊籍。開辦一年有餘。僅收股銀一萬九千餘兩。其已集未解之股。亦不過十六萬餘兩。尙不足該路費用十分之二。若不亟行籌集股欵。設法招徠。恐此路無觀成之日。因特札飭從速集股開築。並以各省商辦之路。其總協理等。有祇盡義務。不支薪水者。擬令該路總理。仿照辦理云。

●山東京官上書請收回主權（北京）　山東京官。記名御史范之杰等數十人。在都察院上書。其大旨略謂德人在山東經營膠澳漁業濰縣礦產。不但侵我利權。而且奪我主權。查各國通例。外人無在內地自由營業權山東省城德日兩國置鋪貿易或倩本地人爲經理甚或洋人掌櫃與民人直接交易深恐嫌隙易生將來釀成國際交涉且西例遊歷人員不經地方官許可如在該處撮影繪圖應坐最重禁錮之罪而我國籍保護之名反使吏役兵士導之使往動輒數月城鎭村僻縱其詳細繪圖是導彼族協以謀我也云云聞此摺已經都察院代奏廷寄山東袁撫按照原呈切實辦理矣

●礦務之發達（河南）　河北懷慶府鳳臯陵一帶南北十里盡係鐵礦掘地數尺即見大塊礦脈且礦甚純久爲福公司所覬覦近聞修武張臚卿君集股開辦入股者甚形踴躍修武一縣已集三萬餘元之多現專聘湖北大冶工廠之鑛師設窰開採將來當可見其發達也　又南陽一帶礦產甚富近有自鄧州來者帶礦石二三種經優級師範理化科學生在實驗講堂分析分得一種鉛鑛成分甚多亦甚純一種銀鑛成分尙不多亦確知其爲銀似此礦產徧地而河南民智不開任貨之棄於地甚可惜也

●汴路集股之踴躍（河南）　鐵路協理王肖庭觀察提倡鐵路甚爲熱心自三月二十六日開鐵路大會以後各州縣均設有收股處近調查省垣各收股處不下數百萬股四月間經袁宮保聘請英國工程師已到省現正在洛潼一帶勘測路綫云

●洛潼鐵路測勘之預備（河南）　洛潼鐵路工程司李吉士行將到汴即擬赴洛潼一帶測勘現已由總協理函請撫憲札飭沿途各府州縣照料彈壓並由藩司朱方伯會同交涉局遴委陸大令壽圖偕同前往妥爲照護又須有熟悉地方輿情之士紳幫同照料庶與鄉民接洽消弭猜疑現以祥符敎諭楊塏熟習該處風土

時事彙錄

鄉紳薦令於洛潼路線經過各地均有熟識紳耆易資聯絡作爲公司照料人與委員相助爲理云

軍事界

●袁張兩軍機對於滇亂之秘密（北京） 張袁兩大軍機對於滇匪一事異常秘密日昨傳諭軍機處司員隨差人等凡關於滇亂之事不准於外間洩露一字以免人心惶惑匪黨藉端煽惑

●江督致沿江各督撫電（江甯） （爲嚴防革命黨事）據政府得駐日偵探報告近有革命黨三千餘人潛入金陵意圖起事長江衛要適因多事以妨乘間竊發希即嚴密防拿爲盼方印

●鎮關飭解雲南軍餉 鎮關道劉襄孫觀察昨奉度支部電飭略謂滇亂需餉甚急現因部庫無欵可撥應由該關在征存項下籌解銀四萬兩作正開銷迅即交商滙解以濟軍需觀察刻已遵照辦理矣

●籌拿革命黨紀聞（北京） 潛匿越南之革黨迭經當道與法官酌定請嚴行捕逐現此事復由程委員與之商訂昨有瓊道將情詳稟大吏略謂現據北海洋務程委員函稱已與法國駐北海領事商定以後我國探得匪蹤隨時由東興洋務委員密告芒街官員拘拿等語自應照辦除照會法領備案並札東興洋務委員朱丞遵照以後如探有匪匿越境即將犯人年貌案由密告法官拘拿一面稟道備文提解務絕根株云

●革命黨又有在日本購械消息（欽州） 現欽營據越南探報電稱革黨已購到南洋鎗砲甚夥自陷河口後復籌得巨欵現已向日本廠訂購鎗械甚多俾得從速濟用云果爾則滇省亂事殊未易了也

●革命黨有連合猺匪之消息（廣西） 廣西猺山各種悍匪如郭三陳亞狂六陳蓋屎滿劉國昣楊三李五

時事彙錄

張連山等股近已併合爲一大股聚衆不下千人有快鎗三百餘枝手鎗雜鎗二百餘枝逼碼充足各匪半係由東省之欽廉而來半係潯州鬱林右江老黨習於戰鬥胆勇異常近在大橋白雁沖鵬化等處與官軍大戰三次官軍均諱言以彈碼用罄任之他去匪連勝三次彈藥充足接濟之途不絕故能蔓延數月之久現在粤南革命黨聞該猺匪得勢已運動與連合現在桂省大局亦甚可慮云

夏聲第六期勘誤表

頁	行	誤	正
四	一〇	茅	芽
一〇	一〇	道	遠
一一	五	寨	寒
一九	一三	技	枝
二〇	四	制相	相制
二〇	一〇	不得如	不得不如
二一	九	超	趙
二七	四	過信之依	過信之之依
三一	一〇	治	冶
三二	六	俳	徘
四五	五	恐顧	顧恐
四六	一	于	干
四九	一	頭相比斷	頭斷相比
		較	較
五六	七	八	又
五六	九	所得得	所得
五九	一二	又吾又	人吾人
六〇	八	錫	錫
六〇	一二	揚	踢
七三	一三	例如哈奴	例如哈奴
		吧之油	吧之油田
七五	一五	八五	五八
七七	一一	然實爲研究斯學之始	然斯學之與亦託始於此
八二	四	則	間
八三	九	屑形般	屑形勢
一〇八	八	壹、六〇、〇〇〇余	壹、八〇〇〇〇〇余
一〇八	一六	士	士
一一二	九	狠	狠
一一四	四	變	變
一一六	五	羅字下脫之字	
一一七	一〇	老	考
一二六	三	三	四
一三〇	三	裏	褻
一三〇	一一	中國	支那
一三一	一	題舊	題目
一三二	五	發逵	發達
一三三	六	砲艦	砲艦
一三五	一	險狠	險狠
一四〇	六	干	于
一四六	九	取於	取材於
一四七	九	所不能	有不所能
一四七	一二	幹旋	斡旋
一五八	六	黨	魏
一六六	三	活	話
一六六	一五	籍	藉
一六七	四	開省視來	開省視學者
一七二	八	目	日
一七六	三	顧	願
一八二	二	籍	藉
一八三	四	籍	藉

夏聲雜誌社招股章程

(一)本社集足資本金二千元爲限分四百股每股五元有願入股者掣去本社收條爲據

(二)非同國人之股不收同國而聲名狼藉者其股亦不收

(三)本社資本金總額除出發起人承認四分之一外餘股均從事招集按兩期招齊凡第一期入股者作爲優先股有特別利權餘概作普通股

(四)本社每年進欵除各項支銷外其贏餘爲紅利分作十二成二成作爲公積二成作辦事者酬勞金餘八成按股均分

(五)凡內地銀元未通行之處無論股本股息皆以庫平銀七錢二分爲一元起算

(六)凡入股或集股至三十股以上者本社酬紅股二股多則遞加其應得紅利與正股同

(七)凡入股者本社給以股票息摺周年率息八厘於收股之次日起算每年中歷三月朔後向本社隨地暫設事務所執摺取息

(八)凡數人共擔一股者須以付名之一人爲定本社亦祇依股票上之人名是認

(九)凡紳商士庶不欲入股而以資金贊助本社者本社推爲名譽贊成員登名報端以鳴感謝但視其贊助之多寡以爲報酬之厚薄

(十)股票息摺如有遺失可報明本社俟無轇轕後即另行補給其所拾得之票摺亦

作爲廢物

（十一）如有人願將股票息摺轉售他人須親赴本社事務所將舊票摺繳銷另給新票摺以免歧誤

（十二）收股之期限　本社之股分兩期收集第一期三元戊申年正月朔後起六月晦日止第二期二元同年八月朔日起十二月底爲止但第一期全交者亦可其已交而二期過期不至者本社當作爲名譽贊成員其所得之權利與名譽贊成員同至第二期入股限期而未全交者已交之股亦作爲名譽贊成捐

（十三）股東之利益

(1)凡入股至五十股以上者本雜誌出版後永遠送閱一份不取分文惟不在東京者須照加郵費

(2)凡在五十股以上之股東如有新著新譯無論已刊未刊將譯已譯者或他要件而欲登常期或臨期告白於本雜誌者本社照常例外特別優待減收三成

(3)無論紳商士庶入股本社者皆得爲本社社員

（十四）股東之權限

(1)本社雜誌之印費及雜費俱由定款內支出社員於所納股分外無擔任經費之責任但有特別事件亦可臨時酌議

(2)凡入股至二十股以上或數人而有二十股以上相當之資格者皆有稽查本社賬項之權但須前三日豫爲告知

(3)凡入股而非本社幹事部編輯部各職員者不得有監督本社言論之權

本社代派所

西安 省城南院門 公益書局
省城健本小學堂 王正心君
省城教育會 南雲亭君
三原縣宏道學堂 李翅庵君
三原縣東城內 純惠堂
綏德州中學堂 安慶豐君
涇陽縣涇干小學堂 楊風軒君
渭南縣勸學所 王文選君
同州府城內東街 郭緝君
榆林公立小學堂 高普熙君
漢中城固縣鹽店街 甯乾生君
宜君高等小學堂 張文通君
延安府中學堂 曹之翀君
蒲城縣教育會 李良才君
甘肅省城內紬舖街 華英書局
廣西 梧州府公益商店 粵西雜誌支部
山西 省城 教育總會
晉新書社
河東運城 烟潤公司
解州 河東第一織紡公司

河南 省城西大街 大河書社
省城優級師範學校 張仲友君
葉縣師範傳習所 朱經裕君
信陽師範學堂 竹予喆君
衛輝府中學堂 秦長明君
雲南 省城 雲南雜誌支部開明書局
騰越廳 公學會
昭通府 廣開看報社
永昌府 新開縱覽社
臨安府 中學堂
大理府 義豐泰
大理下關 福金臻
蒙自縣 萬瑞號
蒙自箇舊廠 元興昌
四川 省城 四川雜誌支部
重慶 四川雜誌支部
嘉定府城外土橋街 寶善書局
夔州府 公立中學堂
順慶府城外 自成祥號
敘州府大南門外 劉春和君
安徽 安慶桐城縣南城內
東後街姚南園 姚叔綸先生
安慶桐城縣宜民門內余家灣江宅 姚國威先生

日本東京 神田駿河臺 中國留學生會館
　　　　 神田南神保町 華益書社

神田區表神保町 中國書林

神田區今川小路 振華書局

神田區小川町 中日書社

早稻田鶴卷町 同文館

其他各大書坊

長野縣 長野市宏文學院構內
　　　 支那留學生山西陳漢閣先生

興安新城安康縣高等小學堂 劉衡鈞君

興安白河縣高等小學堂 余熙臺君

倫敦 支那留學生會館
　　 山西馬駿臺君

舊金山 大同日報館

鳳翔府中學堂 羅傳銘君

鳳翔府警察總局 程鐘銘君

直隸保定府東關陸軍學堂 張寶麟君
　　　　　　　　　　　 蔡仲昭君

上海中國公學內 販賣所

西安府醴泉縣城內 王授金君

西安府三原縣宏道高等學堂 郝俊甫君

夏聲雜誌第壹號目錄

夏聲雜誌第貳號目錄

夏聲雜誌第參號目錄

夏聲雜誌第肆號目錄

夏聲雜誌第五號目錄

武學雜誌。

我國重文輕武之風。沿爲痼習。苶然疲役。不知所歸。舉國上下矜尙文弱。久不研究武學。且鄙棄軍人爲不足道。[illegible]今列強交迫日甚。[illegible]巴黑奴紅返滅種不遠。波蘭印度[illegible]可[illegible]。[illegible]武學編譯社。編纂[illegible]各種[illegible]書之外。月出武學報一冊[illegible]擴發國尙武之精神。涵[illegible][illegible]生之丹[illegible]我全國男子人手一冊[illegible]則我中國之興強也。如湧海之旭日。

總發行所　北京前門外[illegible]坊　北洋陸軍[illegible]編譯局

分售處　各省武學官書局

通信處　日本東京麴町區元平川町五番地　武學社

本社簡章

(一)本社以開通風氣滌除敝俗灌輸最新學說發揮固有文明以鼓舞國民精神爲宗旨

(二)本雜誌依各大雜誌體例不分門類略括以論著時評學藝文藝雜纂等其他凡不與本雜誌宗旨背戾者隨時選入

(三)本雜誌月出一冊以陽歴每月二十五日發行絕不延期

(四)本社除撰著及內地調查員無定外設總經理一人編輯三人庶務二人校對六人書記二人會計一人收發四人以執行社務均由社員更迭充選分途擔任

(五)本社報資從廉全年二元半年一元一角零售每冊二角郵費另加內地銀元未通行處日銀一元以庫平銀七錢二分折算豫定全年者第一期收到後即須寄全年報費空函無效

(六)代派員主任內外各埠分銷雜誌事件由各社員具保證書擔保倘有侵蝕欵項逾期不滙解者即責償於原保不得推卸至代派員之報酬拾分以上者九折五十份以上者八折百份以上者七折多則遞加

(七)凡有捐資概助本社者皆推爲本社名譽贊成員視捐助之多寡爲報酬之厚薄

(八)凡擔任本社事務及經濟者皆爲本社社員

(九)本社創辦基本金由發起人擔任四分之一外概從招集

(十)凡有與本社通信及投稿者請直寄日本東京小石川區第六天町四十番地本社事務所

(十一)本社訪事規則另有專章願擔任訪員者請函告本社或各地代派處索觀可也

明治四十一年七月廿五日發行（每月一回廿五日）
夏聲第陸號
明治四十一年四月二十日第三種郵便物認可

報資

全年（十二冊）	半年（六冊）	零售（一冊）
二元	一元一角	二角

郵費

本雜誌凡日本郵便能通之處每冊加郵費一分五釐其餘若歐美等處每冊加郵費六分

廣告價目表

	一回	三回	半年	全年
一頁	八圓	二十一圓	三十八圓	六十一圓
半頁	五圓	十三圓	二十四圓	三十圓

廣告取次所

東京市小石川區第六天町夏聲雜誌社
東京市神田區中猿樂町四番地秀光社

代派所

陝西省城	南院門公益書局
陝西三原縣	東街存惑堂
陝西同州府	郭文選君處
北京大學堂	李博君處
山西省城	教育總會
同	晉新書局
甘肅省城	高等學堂
河南省城西大街	大河書社
同優級師範學堂	張仲友君處
雲南省城	雲南雜誌社支部
四川省城	四川雜誌社支部
廣西省梧州府城	粵西雜誌社支部
上海中國公學	何鳴鳳君
日本東京	中國留學生總會館
同	中國書林
同	羣益書社
美國	舊金山大同日報館
英國倫敦	中國留學生會館

陰曆 六月二十三日印刷
六月二十七日發行

明治四十一年七月廿一日印刷
明治四十一年七月廿五日發行

編輯兼發行者 夏聲雜誌社
編輯所 東京小石川區第六天町[illegible]地 夏聲雜誌社事務所
發行所 豐多摩郡下戶塚村六百二番地 夏聲雜誌社發行所
印刷所 東京市神田區中猿樂町四番地 秀光社 電話本局一九二五番
印刷人 東京市神田區中猿樂町四番地 藤澤外吉